posso ir
contigo. ”

APENAS DISCÍPULOS

Como seguir a Jesus **hoje**

Autor:
André Faria Gallina

Revisão:
Isabel Monteiro Martins

Projeto gráfico,
Diagramação e Capa:
Isaías Silveira

Publisher
Márcio Ricardo Vargas

Diretor de Operações:
Dênio Lara Jr

Dados Internacionais de Catalogação na Publicação (CIP)
(Câmara Brasileira do Livro, SP, Brasil)

Gallina, André
Apenas discípulos: como seguir a jesus hoje/ andré Gallina. -- 1. ed. -- São Paulo

ISBN 978-65-982397-8-7

1. Cristãos 2. Discipulado (Cristianismo) - Ensino Bíblico 3. Fé (Cristianismo) 4. Jesus Cristo - Ensinamentos 5. Liderança cristã 6. Princípios bíblicos 7. Vida cristã
I. Título.

Índices para catálogo sistemático:
1. Discipulado : Cristianismo 268
Aline Graziele Benitez - Bibliotecária - CRB-1/3129

As citações bíblicas citadas pelo autor, foram extraídas da versão NAA (Nova Almeida Atualizada em Português), salvo indicação específica.

Editora Plural
CNPJ 27.400.792/0001-48
editoraplural@outlook.com
Instagram @editoraplural

DEDICATÓRIA

Dedico este livro, especialmente àqueles que, assim como eu, no sonho e desejo de se tornarem como Jesus, sentem-se ainda longe do que deveriam ser, mas carregam a certeza de que já foram longe demais para desistir.

AGRADECIMENTOS

Agradeço a Ester, minha esposa - uma verdadeira seguidora de Jesus-, cujos esforços e cujas renúncias não lhe pareceram pesados, para que eu pudesse escrever este livro. Isso porque ela me ama profundamente , e ama ainda mais a Jesus.

Aos meus pais, seu Nelson e dona Regina, sou imensamente grato. Deus me enviou a este mundo por meio de vocês, e Ele nunca erra ao escolher o endereço para enviar um filho. Basta ter olhos para ver.

À igreja Dínamus Santo André, em toda sua liderança, membresia e extensão. Vocês são minha família espiritual; sou pastor do melhor rebanho deste planeta.

Ao Dênio e Solange Lara, meus sogros e pastores amados, que me tratam como filho. Vocês são uma referência incomparável.

Dênio Jr., este livro é mais uma realização que devo ao seu constante encorajamento. Obrigado por nunca me deixar onde estou, sempre me guiando com uma visão sublime de Cristo.

Márcio Ricardo, você é um amigo que me ama e encoraja como poucos, genial e brilhante em tudo que faz. Você é um dos seguidores de Jesus mais puros que conheço; seu coração é único.

Obrigado aos meus amigos pastores da família Dínamus. Aprendo tanto com vocês, e juntos estamos construindo algo eterno e muito valioso. Amo vocês!

Aos meus melhores amigos e àqueles que já foram um canal de cuidado pastoral e discipulado em minha vida, meu muito obrigado por cada conversa, oração, encorajamento, risada, lágrima e serviço.

Ao Vinícius, que, após uma mensagem de domingo, profetizou que via este tema se tornando um livro escrito por mim.

Obrigado, meu irmão Ricardo Massay, que, em quase duas horas de conversa, ampliou, ainda mais, os horizontes sobre este tema tão importante e caro a nós.

Aos meus filhos Ana, Duda e Bernardo, só tenho gratidão e amor por tê-los em minha vida.

Sobre o autor

André Faria Gallina é casado com Ester Lara Gallina, e juntos pastoreiam a Igreja Dínamus, na cidade de Santo André, SP. Idealizadores do Movimento Famílias Saudáveis, o casal é comprometido com a causa da adoção no Brasil, carregando essa bandeira com paixão. André é pai de Ana, Duda e Bernardo, a quem considera presentes preciosos de Deus.

Formado em Teologia e atualmente cursando Pós-graduação em Teologia Bíblica pelo CPAJ, André é movido por um profundo encargo: edificar uma Igreja bíblica, viva e saudável, com ênfase no ensino sólido da Palavra e na manifestação do poder sobrenatural do Espírito Santo.

O livro *Apenas Discípulos* nasceu de seu desejo de despertar e encorajar cada cristão a seguir o Cristo revelado, vivendo uma fé autêntica e transformadora.

Endossos

André é um ser humano incrível, e tenho o privilégio de chamá-lo de amigo. Dentre as suas inúmeras qualidades, destacaria sua generosidade.

Bem, o que essa ou qualquer de suas tantas virtudes, tem a ver com a recomendação da obra produzida por ele? Apenas discípulos carrega a essência do que acreditamos ser a identidade de todo converso a Cristo: um discípulo, um aprendiz, um aluno. A generosidade de André é uma "marca" do Mestre. Tais marcas, segundo o autor, são o fruto da troca dos fundamentos do viver, do redirecionamento de nossas afeições e, então, do desenvolvimento de novas virtudes.

Suas palavras são apaixonantes e necessárias. "Apaixonantes" porque, quanto ao discipulado, André exalta o privilégio da relação com Jesus; "Necessárias" porque, vivemos seduzidos pelo envolvimento com as coisas ordinárias e efêmeras da terra. Ele nos desafia ao real sentido da jornada com Cristo.

Recomendo com entusiasmo.

Márcio Ricardo - Pastor Dínamus- Autor de Ser Igreja Ser Família - Publisher Editora Plural

André Gallina está entre os três pregadores que mais amo ouvir. Sonhei um dia pegar um livro dele nas mãos, e esta obra, posso dizer, é um sonho realizado.

Você está prestes a mergulhar em um tema central da vida cristã - "discipulado" com uma das mentes mais coerentes da nossa geração. Desejo-lhe mais que uma boa leitura. Desejo-lhe que consiga aplicar tanta riqueza!

Dênio Lara Jr - Pastor Líder da Família Dínamus - Autor de Eles irão além de você.

Apenas Discípulos é um convite a todos os que desejam sair de um nível de relacionamento com Deus superficial para uma vida de entrega e radicalidade.

Mais do que palavras, Jesus ofereceu um exemplo vivo de amor, serviço e sacrifício, mostrando na prática como seus discípulos deveriam viver. Com uma mensagem clara e confrontadora, o livro nos desafia a ser discípulo, em totalidade, com rendição e amor.

Não teria autor melhor para desbravar este tema com tanta autoridade, paixão e maestria, como o nosso queridíssimo André Gallina.

Se você deseja despir-se de todo egoísmo e superficialidade em resposta ao amor incondicional de Cristo, este livro é uma leitura obrigatória para todos os que desejam ser e fazer discípulos.

Dênio Lara - Pastor Fundador da Igreja Dínamus - Médico - Autor de 13 livros

André é o primeiro discípulo de Jesus no evangelho joanino. Originalmente discípulo de João Batista, ele se destacou pela prontidão em deixar tudo para seguir definitivamente o novo Mestre de Nazaré. Curiosamente, o autor desta obra, André Gallina, compartilha não apenas o nome, mas também a prontidão e paixão que marcaram o apóstolo. Gallina nos cativa não só pelo discurso sábio, mas pela maneira apaixonada com que se entrega ao Mestre. Essa entrega total e incondicional é o que ele nos inspira a buscar, para que o Verbo encarne em cada um de nós, cheio de graça e verdade. Este livro é uma leitura preciosíssima para quem deseja a imensurável bênção de ser Apenas Discípulo de Jesus.

Diogo Dantas - Teólogo - Escritor - Pastor da Igreja Lírio Jardim – Salvador/BA

Uma leitura sóbria das Escrituras nos ensina que Jesus nunca nos chama para "aceitá-lo", mas para segui-lo. Em Apenas Discípulos, André Gallina desafia a superficialidade de nossa era, e com uma clareza que corta através dos ruídos modernos, pastoreia-nos pelo caminho do verdadeiro discipulado. Aqui não há espaço para um evangelho diluído, comodista, e nada de meia fé. Se você tem coragem de encarar a verdade e mudar de vida e faz parte dos remanescentes, que anseiam por uma fé vivida e encarnada, então este livro é para você. Prepare-se para um empurrão daqueles; caso contrário, nem se atreva a começar a ler.

Ricardo Massay
Pastor da Igreja Esperança Imperatriz/MA

Há livros que você adquire com o intuito de enriquecer seu conhecimento teológico sobre determinado assunto, e isso é muito bom! Outros você os adquire para experimentar realidades profundas das Escrituras, como é o caso deste. Isso faz deste livro um manual direcionador de leitura, meditação, oração e experiência. Não é um saber pelo saber, mas a riqueza de experimentar a mão do Mestre formando e forjando seu discípulo: você! Ele é o Caminho, e você hoje pode andar nesse Caminho de conformação. O querido autor André Gallina toca no âmago da necessidade cristã: sermos de fato discípulos de Jesus. Esta obra literária de imensa riqueza expõe essa carência, e nos apresenta soluções práticas para essa jornada incrível de sermos como o Mestre. Não tenha pressa na leitura; antes, procure o descortinar do Espírito a cada página e experimente o Mestre no caminho que Ele o colocou. Não fique preocupado onde você está no caminho; antes, descanse por estar no caminho. Boa leitura!

Cláudio Gouvêa
Pastor Presidente da Igreja Hebrom – Goiânia/GO.

Eu sonho com o tempo em que a igreja brasileira cumprirá a única missão que Cristo nos deixou: "fazer discípulos". Neste maravilhoso livro, o Pr. André Gallina aborda, com profundidade, a essência dessa missão, trazendo o entendimento do verdadeiro discipulado que aponta para Cristo Jesus. Este livro é para todo filho de Deus que deseja crescer espiritualmente e agradar o coração do Pai.

Thiago Bonze
Pastor Sênior da Igreja dos Filhos Joinville/SC.

Dos discípulos de Jesus que tive o privilégio de conhecer, poucos se parecem tanto com seu Mestre como meu amado amigo, André Gallina. Este livro, como extensão e expressão de sua vida, carrega a autoridade de quem experimenta o que escreve e vive o que prega. Prepare-se para encontrar nestas páginas a simplicidade arrebatadora, poderosa e transformadora do verdadeiro discipulado de Jesus por meio de Seu Evangelho. Apenas Discípulos, te fará enxergar a caminhada com Jesus de forma profunda, afetuosa, virtuosa e marcante.

Jônatas Leônio - Médico- Pastor Fundador da Comunidade Divinamente

PREFÁCIO

Com frequência. Jesus estava diante de dois grupos, a multidão, larga e volumosa, e outro menor, chamado pelos autores dos Evangelhos, de discípulos. Esses dois tipos de pessoas estavam juntas em muitos dos momentos inesquecíveis do ministério de Jesus.

Por exemplo, quando Cristo prega o Sermão da Montanha (Mateus 5, 6 e 7), os dois grupos estavam ouvindo. Em outro momento memorável, quando o mestre alimentou mais de cinco mil pessoas com cinco pães e dois peixes, também havia a multidão e os discípulos.

Então lhe faço esta pergunta: Qual a diferença entre os dois? O que fazia de alguém parte da multidão? Quais as características de um discípulo? Permita-me deixar a questão mais pessoal e talvez até incômoda. De qual dos dois grupos VOCÊ faz parte?

Provavelmente você respondeu cheio de convicção: "Eu sou um discípulo de Jesus". Será? Antes de se apegar a essa resposta com tanta certeza, quero lhe mostrar o que diferenciava os dois grupos.

Diferentes perguntas

O que separava os dois grupos eram as perguntas que eles traziam para Jesus. A questão que a multidão trazia era: "O que o Senhor pode fazer por mim?" Alguns chegavam sofrendo há anos de doenças em seu corpo. A dor arrastava tais pessoas até Jesus com esta pergunta: "O que o Senhor pode fazer por mim? Você pode me curar?"

Outros chegavam com seus filhos presos por demônios, dominados por forças malignas que estavam destruindo a vida deles. No ápice de sua angústia, estes pais perguntavam: "O que o Senhor pode fazer por meu filho? Você pode libertar meu filho?"

Pessoas chegaram diante de Jesus com fome, com suas vidas financeiras destruídas. Cheios de necessidades, elas questionavam: "O que o Senhor pode fazer por minha família? Você pode nos fazer prosperar?"

É maravilhoso o fato de Jesus, cheio de compaixão, ter respondido a várias dessas perguntas e solucionado muitos desses problemas. E ele continua amando e servindo a multidão. Ele ama dizer: "Vá, a tua fé te curou!"

A pergunta dos discípulos

Apesar de Jesus servir a multidão e responder as suas perguntas, ele caminhava de perto e revelava os mistérios do Reino de Deus para um outro grupo, os discípulos. Essas pessoas tinham uma pergunta diferente do grupo maior.

O termo discípulo significa aluno ou aprendiz. São aqueles que não estão seguindo o mestre na expectativa do que Ele pode fazer, mas sim de quem eles desejam se tornar. Enquanto a multidão está perguntando "O que o Senhor pode fazer por mim?", A questão de todo discípulo é: "Como eu posso me tornar como o Senhor?"

O discípulo não deseja apenas receber uma cura, ele quer aprender a curar. Ele não quer apenas ser liberto, mas sim se tornar um libertador, como seu mestre. O aprendiz não quer apenas receber uma benção de seu Senhor, mas, como Ele, quer ser um abençoador.

Os discípulos não estão em um relacionamento com Cristo pelos benefícios que podem receber, mas por amarem-no e serem tomados pelo desejo de se tornarem como Ele. Você está com um livro na mão que tem um público-alvo, discípulos. Ou seja, homens e mulheres que querem se parecer mais e mais com Jesus.

Seguir a Jesus

O discipulado é o coração pulsante da vida cristã. Jesus, nosso Mestre e Salvador, nos chamou não apenas para crer n'Ele, mas para segui-Lo em todos os aspectos de nossa vida. Esse chamado ao discipulado é o convite para uma jornada transformadora, em que cada passo nos aproxima mais de Jesus e nos molda à Sua imagem.

Por meio de uma escrita leve e cheia de vida, meu irmão André Gallina convida você a mergulhar mais fundo no chamado de Jesus para ser um discípulo. Você aprenderá o que significa seguir a Cristo de forma genuína, como ser moldado à Sua imagem e como viver uma vida cheia do Espírito Santo, refletindo o caráter de Cristo em todas as áreas da sua vida. Jesus disse: "Se alguém quer vir após mim, negue-se a si mesmo, tome cada dia a sua cruz e siga-me" (Lucas 9:23).

Apenas discípulo não é um livro somente para aqueles que estão começando na fé, mas também para aqueles que já caminham com Cristo há anos. Entenda, sempre há mais para aprender, mais para crescer e mais para experimentar em nossa caminhada com Jesus. O discipulado é um processo contínuo de se tornar uma cópia de autêntica de Jesus.

A minha oração é que, ao final desta leitura, você esteja mais apaixonado por Jesus, parecendo-se ainda mais com Ele, mais comprometido com Sua Igreja e mais equipado para ser um discípulo que faz discípulos. Lembre-se das palavras de Jesus: "Nisto todos conhecerão que sois meus discípulos, se vos amardes uns aos outros" (João 13:35). Que o amor de Cristo flua através de você, impactando aqueles ao seu redor, e que você se torne um instrumento poderoso nas mãos de Deus, levando a mensagem do Evangelho a todos os cantos da terra.

Vamos juntos nesta jornada de discipulado, com o coração aberto e os olhos fixos em Jesus, o autor e consumador da nossa fé (Hebreus 12:2).

Douglas Gonçalves - *Pastor e fundador da Família e Movimento JesusCopy*

APRESENTAÇÃO

Charles Spurgeon certa vez disse: "Calças são importantes, mas livros são muito mais". Caro leitor, é com grande honra e profunda alegria que compartilho estas verdades com você por meio deste livro, pois os livros possuem um valor inestimável.

Aos dezesseis anos, no dia 1º de abril de 2006, entreguei minha vida a Jesus. No dia popularmente conhecido como o "Dia da Mentira", encontrei a Verdade que me libertou. Gosto de iniciar meu testemunho de conversão assim, pois uma vida sem a verdade é vazia e sem propósito, como era a minha até aquele inesquecível sábado.

Nesses quase vinte anos de caminhada, considero-me "apenas" um aprendiz, alguém que se mantém apaixonado pelo Mestre e comprometido com o Seu Reino. Desde aquele dia, nunca mais experimentei um "Dia da Mentira" em minha vida. Agora, quando o mês de abril chega, lembro-me apenas do dia em que conheci o Deus verdadeiro e de como essa verdade transformou completamente a minha vida.

Apenas discípulos nasceu do desejo de compartilhar o que aprendi ao longo desta caminhada com Ele como um discípulo. Minhas opiniões por si mesmas pouco podem te ajudar, especialmente nesse assunto. Por isso, prometo me ater às passagens bíblicas que mais me edificaram e me renovaram na jornada como um *talmid*[1]* de Jesus, oferecendo-lhe testemunhos, conselhos e exortações baseadas na Palavra de Deus. Desejo que esta leitura seja um investimento significativo na sua vida espiritual.

Permita-me, então, apresentar brevemente o que encontrará neste livro. Ele é uma provocação para seguirmos Jesus de maneira genuína. Este livro não é sobre "fazer discipulado" com alguém, mas sobre ser discípulo do Único, vivendo uma vida autêntica de fé, baseada na revelação das Escrituras Sagradas.

Este livro propõe e ensina sobre uma relação autêntica com o Cristo ressurreto. Nos dois primeiros capítulos, sua atenção será direcionada para o verdadeiro discipulado que Jesus revela (façam como eu fiz a vocês), bem como para nossa profunda necessidade de ter essa verdade renovada dentro de nós (recebam uma nova vida). Entretanto, quando conhecido e seguido, Jesus impacta e restaura nossas vidas, começando pela troca dos *fundamentos*, redirecionamento das *afeições* e e dos desenvolvimento de *virtudes*, produzindo, assim, *marcas* que caracterizam a vida de um verdadeiro discípulo de Cristo. Vamos olhar esses quatro aspectos

1. O termo *talmid* é hebraico e significa "discípulo" ou "aluno". Ele se refere a alguém que segue de perto seu mestre (rabino) para aprender tanto por meio de ensinamentos verbais quanto pela observação e imitação das ações e comportamentos do mestre. No contexto do Novo Testamento, os discípulos de Jesus exemplificam essa relação de discipulado, aprendendo e vivendo ao lado do Mestre para internalizar e aplicar seus ensinamentos.

da nossa vida em referência a Cristo como Verdade (fundamentos), Vida (afeições), Caminho (virtudes) e Obras (marcas). Isso irá gerar um novo ser humano, uma carta viva escrita pelo Espírito Santo ao mundo. Este é um convite audacioso para que todos os leitores sigam Jesus até o último suspiro de vida neste planeta.

À luz da Bíblia, o discipulado é o ato de seguir a Jesus, mas também inclui, como consequência natural, ensinar outros a seguirem-No, pois esse é o desdobramento prático de segui-Lo, uma vez que seguir a Cristo pressupõe imitá-Lo, e foi na formação de discípulos que Ele concentrou Seus esforços. É importante ressaltar que não devemos confundir o discipulado em si com os métodos de discipular pessoas em uma igreja local. Embora ambos sejam importantes, não são a mesma coisa.

Frequentemente, vejo essa confusão quando as pessoas falam sobre o tema ou dizem não estar sendo "discipuladas". Por exemplo, se alguém acha que está "indo fazer discipulado com alguém" ou, por vezes, sente que faz tempo que ninguém "te chama para um discipulado" e, por isso, se sente menos capacitado para a obra de Deus, este livro certamente será de grande ajuda. Ele irá esclarecer, de maneira mais bíblica e menos confusa, o grande convite de Jesus aos discípulos — e a você: "Venha e siga-me" (Mateus 4:19) — bem como a grande comissão que Ele nos deu: "Portanto, vão e façam discípulos de todas as nações, batizando-os em nome do Pai e do Filho e do Espírito Santo, ensinando-os a obedecer a tudo o que eu lhes ordenei" (Mateus 28:19-20). Ao ler este livro, você obterá uma compreensão mais clara e profunda sobre esse tema fundamental da vida cristã.

Espero que *Apenas discípulos* desperte, inspire e desafie você a viver uma vida de discipulado autêntico e profundo. Que juntos, como discípulos de Jesus, possamos escolher o caminho da autenticidade e da profundidade, refletindo cada vez mais a beleza do nosso Mestre *em um mundo que desesperadamente precisa vê-Lo.*

Sumário

INTRODUÇÃO

Lembro-me de uma conversa com o Evandro, carinhosamente conhecido como Negs, o pastor de jovens da igreja que tenho o privilégio de pastorear. Falávamos sobre Enoque, aquele homem que, de maneira tão singular, andou com Deus e, de repente, já não era mais visto, pois Deus o tomou para Si (Gênesis 5:24). Enoque não foi um profeta que realizou sinais e milagres como Elias, nem um construtor de uma arca como Noé. Ele não ofereceu um sacrifício notável como Abel, nem liderou um povo como Moisés. Não administrou com excelência como José, nem interpretou sonhos como Daniel. E se ele fez coisas assim, elas perderam o valor diante do que, de fato, foi dito sobre ele: Enoque simplesmente andou com Deus. E isso bastou. O Senhor o arrebatou para Si, em um ato de profunda intimidade e aprovação.

Essa história nos ensina algo profundo: andar com Deus nos arrebata deste mundo. Não precisamos de feitos grandiosos ou de um legado espetacular aos olhos humanos; o simples caminhar com Deus, em comunhão e obediência, é o que verdadeiramente importa. É essa caminhada íntima que nos eleva acima das circunstâncias terrenas, que nos transporta para um relacionamento tão próximo com o Criador que as coisas deste mundo perdem seu brilho.

Ser discípulo é, antes de tudo, ser um seguidor de Jesus. É ouvir o chamado "Vem e segue-me" e, em resposta, deixar tudo para trás e segui-Lo.

Por que "Apenas Discípulos"?

A palavra "apenas" pode parecer simples, até modesta. Mas, na verdade, ela carrega um peso profundo e uma simplicidade radical. "Apenas" nos convida a despir-nos de tudo o que é superficial, de todas as distrações e bagagens desnecessárias que acumulamos ao longo da vida. Jesus nos chama a uma vida de singularidade e foco, onde Ele é o centro de tudo.

Em um mundo cheio de títulos, rótulos e identidades forjadas e fragmentadas, Jesus nos convida a sermos "apenas" Seus seguidores. Não "apenas" no sentido de insignificância, mas no sentido de pureza e clareza de propósito. "Apenas" significa que, antes de qualquer outra coisa, nossa identidade primordial é filhos de Deus e de discípulos de Jesus Cristo. Não se trata de somar Jesus a uma longa lista de prioridades, mas de reconhecê-Lo como a essência de nossa existência.

A palavra "discípulos" remonta aos tempos de Jesus, quando Ele chamou doze homens para segui-Lo, aprender com Ele e serem transformados. Ser discípulo de Jesus é mais do que ser um estudante ou um seguidor passivo. É um convite para um relacionamento profundo e transformador, em que somos moldados à imagem de Cristo.

A palavra grega que foi traduzida na Bíblia por "discípulo" é *μαθητής (mathētēs)*. Esse termo é usado para descrever alguém que segue e aprende de um mestre. A palavra aparece principalmente no Novo Testamento, nos Evangelhos e em Atos dos Apóstolos.

No Novo Testamento, a palavra *μαθητής (mathētēs)* aparece aproximadamente 246 vezes. A maioria dessas ocorrências está nos Evangelhos de Mateus, Marcos, Lucas e João, onde se refere principalmente aos seguidores de Jesus. Esse termo é central para entender a relação dos seguidores de Jesus com Ele, destacando o papel de aprendizado, imitação e transformação que caracteriza o discipulado cristão.

Discípulos são aqueles que ouvem, aprendem e vivem os ensinamentos do Mestre. Eles não apenas conhecem as palavras de Jesus, mas devem viver essas palavras diariamente. Eles são chamados a um compromisso radical, a uma vida de serviço, amor e sacrifício. Ser discípulo de Jesus significa ser chamado para além da multidão, para um caminho estreito e muitas vezes contracultural.

John Shot, em seu notável livro, Discípulo radical, introduz este fundamental assunto dizendo:

> "Para muitos, descobrir que, no Novo Testamento, os seguidores de Jesus Cristo são chamados de 'cristãos'

apenas três vezes, é uma grande surpresa.

A ocorrência mais significativa é o comentário de Lucas explicando que os discípulos de Jesus foram chamados de 'cristãos', pela primeira vez, em Antioquia da Síria. (Atos 11:26).

Antioquia era conhecida como uma comunidade internacional. Consequentemente, a igreja também era uma comunidade internacional e seus membros eram adequadamente chamados de 'cristãos' para indicar que as diferenças étnicas eram superadas por sua lealdade comum a Cristo.

As outras duas ocorrências da palavra 'cristão' evidenciam que seu uso estava ficando mais comum. Assim, quando Paulo, que estava sendo julgado diante do rei Agripa, o desafiou diretamente, Agripa clamou: 'Por pouco me persuades a me fazer cristão' (Atos 26.28).

Ambas as palavras (cristão e discípulo) implicam relacionamento com Jesus. Porém, 'discípulo' talvez seja mais forte, pois inevitavelmente implica relacionamento entre aluno e professor. Durante os três anos de ministério público, os doze foram discípulos antes de serem apóstolos e, como discípulos, estavam sob a instrução de seu Mestre e Senhor.

Talvez, de alguma forma, deveríamos ter continuado a usar a palavra 'discípulo' nos séculos seguintes, para que os cristãos fossem discípulos de Jesus de maneira consciente e levassem a sério a responsabilidade de estar 'sob disciplina'.

Meu interesse com este livro é que nós, que afirmamos ser discípulos do Senhor Jesus, não o provoquemos a dizer: 'Por que me chamais Senhor, Senhor, e não fazeis o que vos mando?' (Lucas 6:46)."

Ao combinar "apenas" com "discípulos", o título deste livro reflete um chamado poderoso para retornar às raízes do discipulado cristão. Esse não é um chamado para títulos grandiosos ou para uma vida de superficialidade, mas para uma vida centrada em Cristo, na qual nossa identidade como Seus discípulos é clara e inabalável. É um convite para uma jornada de restauração, onde, ao sermos "apenas discípulos", encontramos a plenitude e a verdadeira liberdade em Cristo.

Vivemos em uma época em que a superficialidade muitas vezes se sobrepõe à profundidade, em que a aparência é frequentemente valorizada acima da essência. No meio de uma cultura que promove a rapidez, o imediatismo e a gratificação instantânea, surge um chamado contracultural e radical: seguir Jesus de perto, ser verdadeiramente Seus discípulos.

Mas o que significa ser um discípulo de Jesus em pleno século XXI? Será que estamos realmente entendendo e vivendo a profundidade desse chamado ou estamos apenas arranhando a superfície de uma vida transformada pelo Evangelho?

Neste livro, quero te convidar para uma jornada de restauração. Assim como uma obra de arte esquecida e coberta de poeira, arranhões e sujeira precisa de um trabalho meticuloso de restauração para revelar sua verdadeira beleza, nós, caídos e distantes da perfeita imagem de Deus, necessitamos de um processo de restauração profundo que só Jesus pode realizar.

Vamos explorar profundamente o que significa ser apenas um verdadeiro discípulo de Jesus. Vamos examinar como nos movermos além de uma religiosidade superficial para uma caminhada vibrante e transformadora com Cristo. Espero que, ao final, possamos todos abraçar plenamente o chamado de Jesus para ser Seus discípulos, refletindo Seu amor e sua graça ao mundo ao nosso redor.

PRELÚDIO

Simão Pedro perguntou a Jesus:
— Para onde o Senhor vai?
Jesus respondeu:
— Para onde eu vou, **você não poderá me seguir agora; mais tarde, porém, me seguirá.**
Pedro disse:
— Senhor, por que não posso segui-lo agora? Darei a minha vida pelo Senhor.
Jesus respondeu: — Você dará a sua vida por mim? Em verdade, em verdade lhe digo: antes que o galo cante, três vezes você me negará.
João 13:36-38

Imaginemos, agora, uma conversa entre um aluno e um mestre encontrado pelo caminho, que reflete a essência da pergunta de Pedro e a profundidade da resposta de Jesus:

— Para onde estou indo? — perguntou um aluno a um mestre que encontrou pelo caminho.

— Você está indo para **o mesmo lugar aonde aquele que você está seguindo vai chegar** — respondeu o professor, com um sorriso no rosto.

— Então me diga quem eu estou seguindo? —

questiona novamente o zeloso aprendiz, convicto de que sabia a resposta.

— Você está seguindo **aquele que seus olhos contemplam** — respondeu com muita serenidade o sábio mestre.

— Então me fale, quem eu estou contemplando? — desta vez, um pouco mais preocupado, o aluno se expressa.

— Você contempla aquele que você ama, que fez seu coração queimar. Pois v**ocê é escravo dos seus amores, meu caro, e seus olhos sempre contemplarão aquele que o fascina** — responde com graça, serenidade e sabedoria o mestre.

— Então, por favor, revela-me quem eu amo? — suplicou ao mestre o dedicado aluno.

— **Talvez você não ame quem você pensa e diz amar** — revelou com mansidão ao seu aluno, o grande mestre.

— Mas como assim? Então para onde estou indo? — desesperado, o discípulo interroga pela última vez o nobre professor.

— **Talvez você não esteja indo para onde estava seguro de que chegaria, tampouco seguindo quem declarou publicamente seguir** — respondeu o mestre, olhando seu aluno nos olhos, com um olhar penetrante e cheio de amor.

Agora, voltemos para a continuidade da passagem bíblica que lemos há pouco, pois ela complementa a conversa de Pedro com Jesus, ampliando nossa reflexão, projetando um pouco mais de luz sobre a mensagem de Jesus e seu caminho a ser seguido:

> *— Que o coração de vocês não fique angustiado; vocês creem em Deus, creiam também em mim. Na casa de meu Pai há muitas moradas. Se não fosse assim, eu já lhes teria dito. Pois vou preparar um lugar para vocês. E, quando eu for e preparar um lugar, voltarei e os receberei para mim mesmo, para que, onde eu estou, vocês estejam também. E vocês conhecem o caminho para onde eu vou.*
>
> *Então Tomé disse a Jesus:*
>
> *— Não sabemos para onde o Senhor vai. Como podemos saber o caminho?*
>
> *Jesus respondeu.*
>
> *Eu sou o caminho, a verdade e a vida; ninguém vem ao Pai senão por mim. Se vocês me conheceram, conhecerão também o meu Pai. E desde agora vocês o conhecem e têm visto. João 14:1-7(grifos do autor)*

Essa breve conversa entre um aluno e seu mestre, inserida na passagem crucial entre os discípulos e Jesus, revela que, por mais bem-intencionados que possamos estar, muitas vezes ignoramos a real condição da nossa vida espiritual e nos afastamos do que Deus planejou para nós. Esse diálogo fictício, intercalado com os eventos reais do cenáculo[2] serve como um espelho para refletirmos sobre nossas próprias falhas na compreensão do discipulado genuíno.

Os discípulos, no fim da primeira etapa do discipulado, ainda enfrentavam dúvidas sobre a verdadeira natureza de seu chamado. Mesmo após três anos de aprendizado, a incerteza e até insegurança persistiam. A iminência da prisão e morte de Cristo amplificavam a importância desse momento. Jesus, prestes a enfrentar o maior desafio de sua missão, dedicou-se a esclarecer dúvidas e fortalecer a fé de seus discípulos, preparando-os para a missão que seguiria sua partida.

Nosso risco de ignorância espiritual, apesar de boas intenções, lembra-nos da necessidade constante de autoexame à luz do Espírito. A vida espiritual é dinâmica e exige vigilância. Devemos nos perguntar regularmente se estamos verdadeiramente alinhados com os ensinamentos de Jesus a partir de um relacionamento com Ele.

Estamos amando, contemplando e seguindo a quem?

---

2. O Cenáculo era o local em Jerusalém onde Jesus celebrou a Última Ceia com seus discípulos, na véspera de sua crucificação. Esse ambiente, uma sala superior em uma casa, não foi apenas o cenário da instituição da Ceia do Senhor, mas também um espaço de ensino profundo, onde Jesus compartilhou suas últimas instruções e orou por seus seguidores. O Cenáculo simboliza intimidade, comunhão e a preparação para o sofrimento e a glória que estavam por vir.

Meu caro leitor, quero convidá-lo para uma jornada breve e profunda ao ler este singelo livro, para nos certificarmos de que estamos indo para o lugar certo, na única oportunidade de vida que nos foi dada. A vida é curta e preciosa, e cada passo deve nos levar mais perto do propósito para o qual fomos criados.

Só poderemos garantir essa resposta se estivermos seguindo o Jesus ressurreto revelado nas Escrituras Sagradas, amando de todo coração o Deus Pai, que esse mesmo Jesus revelou, e não um suposto deus que criamos com nossa imaginação, tampouco um falso deus apresentado por outros.

CAPÍTULO 01

FAÇAM COMO EU FIZ A VOCÊS!

No anoitecer de Jerusalém,
No Cenáculo, um ato solene.
Jesus se levanta, a túnica cinge,
Com mãos amorosas, a água atinge.

A bacia de bronze, a água a brilhar,
Cada gesto de amor, a pureza a lavar.
Pedro protesta, confuso, a alma a acalmar,
Jesus com ternura, a humildade a ensinar.

Um a um, os pés Ele lavou,
Com amor e serviço, o exemplo deixou.
"Façam como eu fiz", a voz ecoou,
Naquele ato sagrado, a lição perdurou.

Não só os pés, mas corações renovados,
O amor de Jesus, eternamente lembrados.
A humildade e o serviço, o discipulado a trilhar,
Seguindo o Mestre, aprendendo a amar.

12 Depois de lavar os pés dos discípulos, Jesus vestiu a capa e voltou ao seu lugar. Então lhes perguntou: — Vocês entendem o que fiz a vocês? 13 Vocês me chamam de Mestre e de Senhor e fazem bem, porque eu o sou. 14 Ora, se eu, Senhor e Mestre, lavei os pés de vocês, também vocês devem lavar os pés uns dos outros. 15 Porque eu lhes dei o exemplo, para que, como eu fiz, vocês façam também. 16 Em verdade, em verdade lhes digo que o servo não é maior do que o seu senhor, nem o enviado é maior do que aquele que o enviou. 17 Ora, se vocês sabem estas coisas, bem-aventurados são se as praticarem.
João 13:12-17

Naquela fatídica quinta-feira, na última noite de Jesus antes da cruz com seus amados, uma das cenas mais belas e pedagógicas de toda história estava prestes a se desenrolar. Ao anoitecer em Jerusalém, os discípulos reuniram-se no Cenáculo para a refeição pascal. O ambiente, preparado com esmero, era marcado por uma calma solene, misturada com a perplexidade dos discípulos diante das afirmações de Jesus sobre sua iminente traição, prisão e morte. A mesa estava posta com um jarro de vinho fresco, o cordeiro pascal assado, pães sem fermento e ervas amargas. Tudo estava pronto para a refeição, exceto os participantes, que se assentaram sem lavar os pés, já que não havia nenhum escravo presente para realizar o costumeiro ritual, e os discípulos ainda eram orgulhosos demais para realizar esse humilde serviço.

Jesus, percebendo a inquietação de seus seguidores, levantou-se, retirou seu manto e cingiu-se com uma toalha. Pegando uma bacia de bronze, Ele encheu-a com água e começou a lavar os pés dos discípulos. Pedro, confuso, inicialmente recusou, mas Jesus explicou a importância do ato, levando Pedro a aceitar. Um a um, Jesus lavou os pés dos Seus, demonstrando humildade e serviço. Suas mãos, calejadas pelo trabalho, tocavam com delicadeza os pés cansados, limpando a poeira das estradas e lavando também os corações dos presentes.

Após lavar os pés de todos, Jesus disse:

> *"Vocês me chamam de Mestre e Senhor, e com razão, pois eu o sou. Se eu, sendo Senhor e Mestre, lavei os pés de vocês, também devem lavar os pés uns dos outros. Eu lhes dei o exemplo, para que vocês façam como eu fiz a vocês."*

O curioso caso

De onde vem? Onde habitam? O que comem? Com quem andam? Por que são tão evitados? Não, não se trata de um episódio do *Globo Repórter*[3]. Estamos falando do *Curioso Caso dos Amados que Não Amam*.

3. Programa de televisão tradicional e conhecido por desvendar mistérios e curiosidades interessantes.

Cristo não nos pede para dar o que Ele primeiro não nos tenha dado, mas jamais nos exime da responsabilidade de compartilhar o que temos recebido.

Até mesmo o mundo espera que os cristãos ajam como Cristo, e muitas vezes nos contentamos apenas em frequentar cultos e nos afastar da sociedade em busca de uma suposta vida santa. No entanto, acredito que a raiz de nossa incoerência não está primeiro na nossa falha em dar, mas sim na nossa superficialidade em receber, pois só podemos dar o que temos.

Se acreditarmos que o discipulado cristão consiste em fazer aos outros o que Jesus faria, embora isso pareça bonito, inevitavelmente falharemos de maneira humilhante na tentativa de executar tão divina tarefa. Talvez essa minha interpretação pareça estranha a princípio, mas permita-me defender minha tese.

Os discípulos só foram comissionados a lavar os pés uns dos outros após terem os seus próprios pés lavados por Jesus. Do mesmo modo, eles só puderam ser testemunhas em Jerusalém, na Judeia, em Samaria e até aos confins da Terra depois de serem cheios do Espírito Santo, conforme Atos 1:8: "Mas recebereis poder, ao descer sobre vós o Espírito Santo, e sereis minhas testemunhas tanto em Jerusalém como em toda a Judeia e Samaria e até aos confins da terra". Ele nos pede para testemunhar do que temos visto e ouvido, como mencionado em Atos 4.20: "Pois nós não podemos deixar de falar do que vimos e ouvimos".

Essa lógica percorre toda a Bíblia e a história da igreja.

O discipulado não é simplesmente imitar o que leio Jesus fazendo por outras pessoas nas páginas da minha Bíblia, mas sim responder ao que vejo o Jesus ressurreto fazendo em mim, enquanto eu a leio, oro ou sou ministrado por alguém.

É um processo de transformação interna que se reflete em ações externas, fundamentado na experiência viva e contínua com o Cristo ressurreto.

Tentar perdoar alguém sem ter a revelação e experiência de que eu próprio fui perdoado não vai funcionar. Jesus, após lavar os pés dos discípulos, perguntou-lhes: "Vocês entendem o que fiz a vocês?" (João 13:12). Essa pergunta é crucial, pois aponta para a necessidade de compreendermos e internalizarmos o que Cristo fez por nós antes de tentarmos replicar esses atos em nossas próprias vidas.

O discipulado só começará em alguém que experimentou o novo nascimento, a transformação interna que ocorre quando aceitamos Jesus como nosso Salvador, crendo nEle de todo coração. Tentar ser um fiel seguidor sem ter nascido de novo ou tentar discipular alguém que não é cristão, que ainda não experimentou essa transformação, não dará resultados. O discipulado verdadeiro envolve primeiro experimentar a graça, o amor e o perdão de Deus, para então poder compartilhar esses mesmos dons com os outros.

Essa passagem do lava pés - ordem para que façamos isso agora pelos outros - ressoa profundamente em meu coração, pois encapsula a essência do discipulado cristão. Jesus não apenas nos ensinou com palavras, mas nos mostrou com ações concretas como devemos viver. Ele nos deu um modelo perfeito a ser imitado. Em um mundo onde muitos líderes falham em viver de acordo com suas próprias palavras, Jesus se destacou como o exemplo supremo de integridade e amor sacrificial.

Quando Jesus diz "Façam como eu fiz a vocês", Ele está nos chamando para uma vida de ação. O evangelho não é algo para ser apenas compreendido intelectualmente, mas para ser vivido e experimentado diariamente. Não é uma teoria distante, mas uma prática cotidiana. Jesus nos mostrou como perdoar, amar, servir, sacrificar e viver em obediência ao Pai. Cada ato de Jesus é um convite para seguirmos Seus passos. Ele perdoou os pecadores, libertou os oprimidos, curou os enfermos, amou os marginalizados, adotou os órfãos espirituais, serviu aos necessitados e se entregou completamente em amor. Em cada uma dessas ações, Jesus nos deixou um exemplo a seguir. Mas será que estamos dispostos a seguir esse exemplo com a mesma paixão e o mesmo compromisso?

Precisamos refletir seriamente sobre como estamos vivendo nossa fé. Jesus poderia nos questionar hoje: “Por que insistem em dizer que foram perdoados, mas não perdoam os outros? Por que afirmam que foram amados por Deus, mas não amam o próximo? Por que proclamam a liberdade que encontraram em Cristo, mas continuam escravizando os outros com seus julgamentos e preconceitos?” Essas perguntas são um espelho para nossa alma, desafiando-nos a alinhar nossas ações com nossas palavras.

O curioso caso dos amados que não amam, dos perdoados que não perdoam, dos adotados que não adotam, dos abençoados que não abençoam, dos libertos que não libertam e dos livres que escravizam revela uma discrepância profunda entre o que professamos e o que praticamos.

Faço esse questionamento sincero, a partir de humildade e compaixão, e o faço primeiramente a mim mesmo, mas desejo que ele ressoe, produzindo santa inquietação em nós, e que introduza de maneira cortante tudo que aprenderemos nesse livro.

Alegamos crer ou demonstramos crer?

Entre muitos outros em toda história, o famoso e relevante filósofo Friedrich Nietzsche[4] criticava o cristianismo por muitas vezes apresentar uma fé que não se manifesta em ações concretas. Ele via na vida dos "cristãos" uma abissal desconexão entre a crença e a prática, uma crítica que infelizmente ainda é válida em muitos casos hoje, pois, *quando dizemos crer em Deus, mas vivemos como se ele não existisse, tornamo-nos pedra de tropeço para que outros venham crer*. Como lemos em Romanos 2:24: "Por isso, como está escrito, o nome de Deus é blasfemado entre os gentios por causa de vocês" - é a argumentação de Paulo sobre a hipocrisia dos judeus que conheciam a Lei, mas não a cumpriam. Paulo está escrevendo aos cristãos em Roma e discutindo a condição espiritual tanto dos judeus quanto dos gentios. Ele aponta que os judeus, que tinham a Lei e se orgulhavam dela, estavam falhando em cumpri-la, e essa falha estava desonrando a Deus perante os gentios.

Essa incongruência não passa despercebida, especialmente para aqueles que nos observam de perto. Nossos filhos, por exemplo, conseguem "ouvir" nossas atitudes mais alto que nossas palavras. Eles percebem quando nossas ações não correspondem às nossas declarações de fé. É por meio de nossas atitudes diárias que eles real-

4. Friedrich Nietzsche (1844-1900) foi um filósofo, poeta, filólogo e crítico cultural alemão, conhecido por seu estilo aforístico e por suas críticas à religião, moral, cultura contemporânea, filosofia e ciência. Ele é talvez mais famoso por suas declarações sobre a "morte de Deus" e por sua proposta do conceito do Übermensch (super-homem).

mente aprendem sobre o amor, o perdão, a generosidade e a compaixão.

Infelizmente, nem todos aqueles que receberam o evangelho de Jesus reagem da mesma forma ou fazem o mesmo proveito de tal privilégio. Como vemos na parábola do semeador (Mateus 13.1-23), a diferença de fruto se dá pelo tipo de solo que recebeu a semente. Jesus explica que a semente, que é a Palavra de Deus, cai em diferentes tipos de solo – representando os diferentes estados do coração humano. Alguns ouvem a Palavra e rapidamente a esquecem; outros a recebem com alegria, mas desanimam diante das dificuldades; alguns permitem que as preocupações e riquezas deste mundo sufoquem a Palavra; e, por fim, há aqueles que ouvem, compreendem e produzem uma colheita abundante. Essa parábola nos lembra que a verdadeira transformação depende de como recebemos e respondemos à mensagem do evangelho.

Quando Jesus terminou seu sermão mais famoso, o Sermão da Montanha, Ele concluiu contando uma última parábola. Ele discorre sobre dois tipos de homens: os que constroem sua casa sobre a rocha e os que constroem sua casa sobre a areia. Ele chama o primeiro de prudente e o segundo de insensato.

Em outras palavras, o que Jesus espera, após Sua mensagem, não é um elogio ou um amém, mas sim que coloquemos em prática aquilo que Ele ensinou.

Jesus disse, em Mateus 7:24-27: "*Todo aquele, pois, que ouve estas minhas palavras e as pratica, será comparado a um homem prudente, que edificou a sua casa sobre a rocha. E caiu a chuva, transbordaram os rios, sopraram os ventos e bateram com força contra aquela casa; e ela não desabou, porque tinha sido edificada sobre a rocha. E todo aquele que ouve estas minhas palavras e não as pratica será comparado a um homem insensato, que edificou a sua casa sobre a areia. E caiu a chuva, transbordaram os rios, sopraram os ventos e bateram com força contra aquela casa, e ela desabou, sendo grande a sua ruína.*"

Nesta parábola, Jesus apresenta uma distinção clara entre aqueles que simplesmente ouvem Suas palavras e aqueles que as colocam em prática. O homem prudente, que constrói sua casa sobre a rocha, representa aqueles que não apenas escutam os ensinamentos de Jesus, mas os incorporam em suas vidas diárias. Esse homem é chamado de prudente, porque ele escolheu um fundamento sólido, que é a prática dos ensinamentos de Cristo. Quando as adversidades chegam, sua casa permanece firme, simbolizando uma vida que resiste às provações por estar alicerçada na obediência e prática da Palavra de Deus.

Por outro lado, o homem insensato, que constrói sua casa sobre a areia, representa aqueles que ouvem os ensinamentos de Jesus, mas não os aplicam. Esse homem é considerado imprudente, porque escolheu um fundamento instável. Quando as adversidades chegam, sua casa desaba, simbolizando uma vida que não resiste às provações por conta da falta de um verdadeiro compromisso com a prática da Palavra de Deus.

A verdadeira sabedoria não está apenas em ouvir Suas palavras, mas em vivê-las. O louvor e os elogios não substituem a obediência. O amém e o assentimento verbal não substituem a ação. A expectativa de Jesus, após Sua mensagem, não é simplesmente que concordemos com Ele, mas que demonstremos essa concordância através de nossas ações. Ele nos chama a construir nossas vidas sobre a rocha sólida da obediência e prática de Seus ensinamentos, assegurando, assim, que estaremos preparados para enfrentar qualquer adversidade que venha em nosso caminho.

Comuns, porém nada normais

Vamos ser honestos: se víssemos alguém virando a outra face após ser golpeado, consideraríamos essa pessoa um cristão normal ou um cristão excepcional? Alguém comum ou uma espécie de ser humano acima da média? Esse mesmo raciocínio pode ser aplicado a outras situações claramente ensinadas pela Palavra de Deus. Por exemplo, se nos deparássemos com alguém fugindo de uma mulher nua para não adulterar, como fez José do Egito (Gênesis 39:12), sendo essa postura amplamente encorajada no Novo Testamento (1Coríntios 6:18), ou se encontrássemos alguém entregando seus bens sem nenhuma promessa mirabolante de ganhar cem vezes mais, apenas por amor, generosidade e genuíno desprendimento, semelhante aos discípulos da igreja primitiva (Atos 2:44-45), Não ficaríamos igualmente espantados? Não consideraríamos essas pessoas como referências, tão distintas em nossa geração? E ao ver pessoas agindo de forma contrária ao que estamos aqui propondo, não estaríamos prontos para entender o deslize, diante de qualquer desculpa sobre a fraqueza da carne ou algo semelhante?

Percebe como nossas expectativas na conduta dos cristãos ficaram baixas? Por que isso acontece? Acredito que a resposta está no fato de que, em virtude das condições e dos padrões atuais da maioria dos que se dizem cristãos, o verdadeiro discípulo de Jesus se tornou alguém “fora da curva”. Na verdade, olhando para as Escrituras, ele seria apenas um seguidor normal de Jesus se comportando como tal, mas o que deveria ser normal se tornou exceção, algo incomum. Então, o que deveria ser o padrão normal é visto como excepcional em tempos de anormalidade.

Hoje em dia, o comum, ou seja, o que acontece frequentemente, está muito abaixo do que deveria ser considerado o normal. Comum é o que ocorre frequentemente, mas normal é o que deveria acontecer conforme o projeto original, o esperado. Quando o que deveria ser normal não ocorre, há uma dissonância entre o comum e o normal. Assim, o discípulo que age conforme os ensinamentos de Jesus é visto como excepcional e, por vezes, como um exagerado ou fanático. Isso acontece porque o padrão de conduta esperado diminuiu drasticamente. Esse é o triste retrato de comunidades de crentes não discipulados.

Na minha interpretação, isso se deve ao fato de considerarmos membros da igreja pessoas que, muitas vezes, não tiveram um encontro real com Jesus e não se tornaram seguidores submissos ao Seu senhorio. Ao contrário, consideramos qualquer simpatizante, que, como cristão, diz acreditar na existência de Deus e no plano de salvação por meio de Jesus.

Ser cristão é imitar a Cristo, tornando-se um "pequeno cristo", conforme o real significado do termo. Foi assim que começaram a chamar os seguidores do Caminho de cristãos. Mas pense comigo: para imitar, é preciso ver, ouvir, seguir e obedecer. Isso é ser discípulo, um aluno que está seguindo seu mestre. E, no caso de Jesus, esse aluno está seguindo o verdadeiro Senhor.

Então, ser cristão já deveria ser um estágio avançado nesse processo, de modo que não há possibilidade de ser cristão sem ser discípulo. Não deveríamos considerar alguém cristão se ele não é um discípulo de Jesus. Só então, ao trilhar essa jornada de conformação, ele pode ser chamado de um pequeno cristo.

A maior barreira entre Deus e o não cristão

Portanto, qual é o maior problema que o protestantismo brasileiro enfrenta hoje? Seriam os desviados, os desigrejados ou os "desdiscipulados"[5] ?

Com muito amor e carinho, preciso dizer que, na minha opinião, o terceiro grupo é o mais numeroso e nocivo. A maior barreira entre Jesus e os perdidos[6] é o "crente" que frequenta cultos, repudia os desviados e desigrejados, mas não conhece verdadeiramente a Jesus e, por isso, está impossibilitado de revelar o Cristo.

Não me refiro ao novo convertido que ainda não teve tempo para demonstrar a veracidade de sua fé e expe-

5. **Desviados** é o adjetivo comumente utilizado para descrever aqueles que deixaram de congregar na igreja local e que alegam não fazer mais parte do corpo de Cristo. **Desigrejados**, por outro lado, não se consideram desviados; afirmam ser cristãos firmes em Jesus, mas romperam com a igreja local e desvalorizam a importância de congregar como um princípio fundamental. Já **"desdiscipulados"** é um termo criado pelo autor para descrever aqueles que, embora não estejam desviados ou desigrejados, resistem em viver como discípulos autênticos, limitando-se a frequentar cultos e programações sem se comprometer verdadeiramente com o discipulado.

6. Os **perdidos**, para os cristãos são aqueles que ainda não foram encontrados por Jesus, e que por isso não sofreram o novo nascimento, por isso, estão ainda sob condenação e precisam ser redimidos.

riência com o Cristo vivo, mas sim àquela pessoa que se tornou adepta de uma religiãoou de um programa de fim de semana com amigos ou familiares, mas que não tomou sua cruz para seguir a Jesus. Seja nascido de novo ou não, refiro-me ao membro de igreja que não segue a Jesus.

Por estarmos no início deste livro, você pode estar confuso ou reticente com essa afirmação. No entanto, à medida que avançarmos pelos capítulos, você entenderá perfeitamente o que estou dizendo sobre a tragédia de ser um crente que não se torna discípulo de Jesus. É alguém que não deveria ser considerado cristão, por mais duro que isso possa parecer.

Os "desdiscipulados" são aqueles que, apesar de frequentarem os cultos e participarem das atividades da igreja, não vivenciam uma transformação genuína em suas vidas. Eles adotam a forma externa da religiosidade, mas carecem da essência do verdadeiro discipulado, que é seguir a Jesus com todo o coração. Esses indivíduos representam uma barreira significativa, pois, ao não refletirem o caráter de Cristo, não conseguem atrair os perdidos para a verdadeira fé e, ao contrário disso, por angariarem para si alguma expectativa que naturalmente as pessoas depositam em gente religiosa, afastam mais ainda aqueles que já estão já longe.

O verdadeiro discipulado é uma jornada de transformação contínua, na qual o seguidor de Jesus cresce em santidade, amor e serviço. É tomar a cruz diariamente e seguir o Mestre em todos os aspectos da vida. Sem essa entrega total, a fé se torna superficial e desprovida de poder para mudar vidas.

Jesus mostrou sua prioridade

Sem sombra de dúvidas, o principal foco de Jesus em seu ministério foi formar discípulos. Nisso, o Mestre concentrou mais tempo e seus maiores esforços. Ele investiu nas vidas daqueles que o seguiam de perto, ensinando-lhes não apenas com palavras, mas por meio de seu exemplo de vida, amor e sacrifício. Cada momento com seus discípulos era uma oportunidade de moldá-los, de prepará-los para continuarem a obra que Ele iniciara.

Nem todos serão grandes pregadores ou nomes conhecidos por feitos notáveis e públicos dentro da missão de Jesus em alcançar o mundo através da sua Igreja. Mas todo cristão é chamado e pode vir a ser um discípulo, e ainda a fazer discípulos durante sua vida cristã. Esse chamado é universal e não se limita aos dons espetaculares ou aos ministérios públicos. Cada um de nós, com nossas habilidades e circunstâncias únicas, pode viver uma vida de discipulado e influenciar outros a fazerem o mesmo.

Todavia, numa geração tão estética, superficial e imediatista, que valoriza mais o exterior e o desenvolvimento das aparências, o verdadeiro desenvolvimento do caráter é frequentemente negligenciado. Vivemos em uma era que prioriza o polimento visível e a potencialização das técnicas e aptidões, muitas vezes em detrimento da integridade interior. Somos bombardeados por uma cultura que exalta o sucesso instantâneo e as realizações visíveis, enquanto o cultivo das virtudes internas e a transformação do caráter são deixados de lado. Mas convenhamos uma boa e honesta leitura da Bíblia nos mostrará que uma vida parecida com a vida de Jesus é o grande alvo e prêmio da jornada cristã.

A essência do discipulado está em seguir Jesus de tal maneira que Sua vida se torne a nossa. É uma caminhada contínua de aprender com Ele, de permitir que Seu Espírito nos transforme de dentro para fora. Quando priorizamos a aparência externa sobre a transformação interna, perdemos de vista o verdadeiro propósito do evangelho. Jesus não nos chamou para sermos meros espectadores ou para buscarmos reconhecimento humano. Ele nos chamou para sermos transformados à Sua imagem, para refletirmos Seu caráter em cada aspecto de nossas vidas.

Jesus, o Mestre dos mestres, nos chama a um relacionamento vivo, muito além de um mero conjunto de regras. Ele nos convida a seguir Seus passos, a conhecer Seu coração e a sermos transformados pela Sua presença. É um convite para que nossas vidas sejam impactadas e restauradas em basicamente quatro áreas fundamentais:

nossos *fundamentos*, nossas *afeições*, nossas *virtudes* e as *marcas* que carregamos em nossa vida como Seus discípulos.

Mas antes de aprendermos como Jesus restaura esses quatro quadrantes da nossa vida, deixe-me te contar uma poderosa experiência e as implicações dela, que ajudaram a dar origem a este livro.

CAPÍTULO 2

RECEBA UMA NOVA VIDA

Jesus, o Noivo, alegria traz,
Seu vinho novo, transforma e refaz.
Odres velhos não podem conter,
A plenitude do Seu ser.

Seu amor, cura e restauração,
Nos oferecem plena renovação.
Tua graça, infinita e terna,
Nos molda e refaz, com força eterna.

O Mestre convida, em suave melodia, Obs.:
A uma vida cheia de harmonia.
Despe-se do velho, abraça o renovo,
Em cada coração, faz-se um novo povo.

Que sejamos reflexo do Teu amor,
Odres novos, transbordando o sabor.
A Ti, Senhor, toda honra e poder,
Pois em Ti, como discípulos aprenderemos a viver.

Mateus 9:17: "Nem se põe vinho novo em odres velhos; do contrário, os odres se rompem, o vinho se derrama e os odres se estragam. Mas põe-se vinho novo em odres novos, e assim ambos se conservam."

Nessa porção da Palavra de Deus, Jesus fala sobre a necessidade de renovação e transformação. O velho sistema religioso judaico não podia conter a plenitude do novo pacto que Jesus estava trazendo. A transformação interior (novo vinho) precisa de um coração renovado (odre novo).

Para os seguidores de Jesus, isso implica a necessidade de um coração e de uma mente renovados para viver de acordo com Seus ensinamentos e a orientação do Espírito Santo. Essa passagem enfatiza a importância de deixar para trás velhas práticas e abrir-se para a nova vida e transformação que Jesus oferece. É um convite para uma renovação completa e uma abertura para o novo trabalho de Deus em nossas vidas, pois somente com um coração transformado e uma mente renovada podemos receber e conservar a plenitude do Seu Espírito.

A decisão de ser discípulo de qualquer bom mestre implica melhorar sua vida, mas o convite para seguir Jesus significa uma vida completamente nova. Como ouvi certa vez, Jesus não trabalha com remendos; Ele trabalha com renovo. Seu chamado é para uma transformação total, em que tudo é feito novo, de dentro para fora, preenchendo-nos com a plenitude do Seu amor e graça.

Quero partilhar contigo uma viagem que me trouxe uma grande reflexão:

Vitória da Conquista, Salvador ou Tanque Novo?

Em uma madrugada de maio de 2024, eu estava com minha esposa Ester e nossos filhos, Duda e Bernardo, em um avião, cercado por uma atmosfera de expectativa e propósito. Estávamos rumo ao aeroporto de Vitória da Conquista, na Bahia, juntamente com trinta missionários dedicados da nossa igreja local. Nossa missão era clara e significativa: passar uma semana em Tanque Novo, uma cidade no sertão baiano cercada por mais de cem povoados muito carentes, considerada uma das regiões menos evangelizadas do Brasil.

Nosso destino era a casa do pastor Estevão, um homem de fé inabalável, que, ao lado de sua esposa Nayana e seus dois filhos, Hadassa e Natanael, vinha realizando um trabalho missionário admirável e frutífero. Também nos encontraríamos com Ana, uma jovem missionária enviada por nossa igreja, e com Renan, Taynara e seu filho Theo, uma família inteira dedicada ao serviço do Reino naquela região. Esse time iria receber, servir e treinar nosso time de missões. Tanque Novo era um lugar de grandes desafios e grandes esperanças, e nós estávamos prontos para ser parte dessa história.

A logística da missão era meticulosamente organizada pelos amáveis e dedicados Maílson e Nathalia, um casal cheio do Espírito Santo, responsável pelas missões em nossa igreja. O plano era pousar em Vitória da Conquista e, em seguida, viajar cerca de seis horas em um micro-ônibus até Tanque Novo. Tudo estava indo conforme o planejado durante o voo até que, na aproximação final para o pouso, uma reviravolta inesperada aconteceu.

Enquanto o avião começava a descer, as turbinas foram subitamente acionadas com força total. O barulho e a aceleração brusca acordaram todos os passageiros com um susto. A aeronave teve que arremeter devido à falta de visibilidade no aeroporto, impossibilitando o pouso seguro. Bernardo, que dormia tranquilamente em meu colo, e Duda, aninhada em Ester, nem perceberam a barulhenta manobra, que, embora segura e apropriada, deixou todos apreensivos.

Após sobrevoar os arredores do aeroporto, esperando a melhora das condições climáticas, o avião tentou novamente pousar, mas, mais uma vez, teve que arremeter.

Desta vez, meus filhos acordaram e a tensão entre os passageiros aumentou. Confesso que na segunda arremetida senti medo. Por alguns instantes, pensei na remota possibilidade de não chegarmos ao nosso destino. A ideia de que esses poderiam ser os últimos momentos de nossas vidas cruzou minha mente. Minha família, servindo ao Senhor e dedicando suas vidas ao evangelho, poderia encontrar um fim prematuro, mas não sem propósito.

Aqueles instantes de temor passaram, e fui tomado por uma convicção de que tudo ficaria bem. Após sobrevoar por bons minutos os arredores de Vitória da Conquista, a visibilidade não melhorou suficientemente, e o prudente piloto decidiu seguir para o próximo aeroporto, em Salvador, a capital do estado. Essa decisão significava um atraso significativo nos planos de todos os missionários, do micro-ônibus que nos aguardava em Vitória da Conquista e das outras dezenas de passageiros, exceto para mim, Ester, Duda e Bernardo. A nossa programação incluía passar o fim de semana em Salvador, pregando numa igreja linda e saudável pastoreada por queridos amigos, bem como encontrar um casal importantíssimo da nossa igreja, que se mudara há pouco tempo para Salvador.

Na programação original, pegaríamos uma ponte aérea de Vitória da Conquista para Salvador poucas horas após nossa aterrissagem, mas, devido ao ocorrido, nossa logística foi facilitada e adiantada. Enquanto os outros foram prejudicados, nossa família foi providencialmente beneficiada. Mesmo assim, nossos missionários mantiveram-se motivados e prontos para a semana histórica que estava por vir.

A situação me fez refletir profundamente. Assim como os aviões não têm combustível infinito para permanecerem no alto até que as condições melhorem, nossas vidas também têm limitações e momentos de incerteza. Às vezes, na caminhada com Deus, já fomos longe demais para retornar ao início, desistir e fingir que não tínhamos uma grande jornada pela frente. Naquele momento, eu estava há dezoito anos após minha conversão, e tudo na minha vida já era fruto da fé em Cristo: identidade, vocação, amizades, esposa, filhos, ministério, agenda, renúncias etc. Pensei: não que eu quisesse voltar e desistir, mas, mesmo se quisesse, isso não seria possível. Já fui longe demais e estou impossibilitado de voltar para 2006, quando eu tinha apenas dezesseis anos e construir outra vida.

Mesmo andando com o Senhor, buscando pousar nas "Vitórias das Conquistas" que Ele nos promete, somos surpreendidos com coisas que não planejamos, e o pouso na vitória que parecia certo se frustra. Nessas horas, temos que esquecer a promessa de vitória e aterrissar naquele que prometeu, a saber, o Salvador. (Tente entender como é a mente de um pastor nesse momento, fazendo associações e viajando às vezes).

Quando é tarde demais para desistir, e estamos impossibilitados de permanecer como estamos, por vezes somos obrigados a mudar nossos planos, de modo que a única opção é pousar em *Salvador*, ou melhor, descansar em Jesus Cristo. Quando não encontrarmos ou alcançarmos *Vitórias ou Conquistas* na vida cristã, lembremo-nos de que sempre temos o *Salvador*. Ele não prometeu apenas vitórias: "No mundo tereis aflições, mas tende bom ânimo; eu venci o mundo" (João 16:33). No entanto, Ele garantiu a Sua presença constante: "Eis que estou convosco todos os dias, até a consumação dos séculos" (Mateus 28:20).

O mais interessante dessa história real é que, após ficarmos em Salvador por dois dias, fomos verdadeiramente mimados, cuidados e muito abençoados pelos queridos amigos Diogo e Thaynan Dantas. Hospedaram-nos em um hotel excelente, desfrutamos de refeições maravilhosas proporcionadas por eles, incluindo a famosa moqueca de camarão com óleo de dendê, que foi um verdadeiro deleite. Além disso, tivemos o privilégio de passar metade do domingo com Aldo e Elci, que nos acolheram calorosamente em sua casa e nos ofereceram uma refeição caseira inesquecível, repleta de amor e hospitalidade.

Durante nossa estadia, pregamos para uma igreja linda, participando de três cultos abençoados, onde centenas de pessoas estavam ansiosas para nos ouvir. Que privilégio! Essas experiências, muitas vezes, são vistas por nós como o verdadeiro abastecimento necessário para nossa fé e alegria, um verdadeiro renovo espiritual. No entanto, é essencial lembrar que esses momentos de cuidado e mimos são apenas uma parte da jornada. Eles nos preparam e fortalecem, para que possamos continuar a missão de servir e abençoar outros, mas não são eles que trocam nossos odres ou nos dão um tanque novo para o caminho à frente.

Após o domingo, seguimos para o aeroporto de Salvador para passar rapidamente por Vitória da Conquista, utilizando-a apenas como uma ponte para chegar até Tanque Novo. Ali, na pequena, simples, mas inesquecível Tanque Novo, onde passamos dias apenas doando, servindo e nos dedicando, foi o lugar onde me senti verdadeiramente abastecido, preenchido e renovado. De fato, foi ali que ganhei um novo "tanque" para continuar a ser apenas um discípulo daquele que não veio para ser servido, mas para servir e dar a sua vida em resgate de muitos (Marcos 10:45).

Nossa estadia em Salvador serviu para receber uma fase que se assemelha ao início da vida cristã.

No entanto, a temporada de receber deve ser apenas um preparo para dar. O verdadeiro discípulo só pode dar porque primeiro recebeu, mas "ai daquele" que finge nada ter a dar e estaciona numa posição de apenas recebedor.

Jesus, através da Palavra, nos ensinou que é mais bem-aventurado dar do que receber (Atos 20:35), e é essa verdade que nos impulsiona a avançar no serviço e na doação ao próximo.

Por vezes pensamos estar cansados porque estamos só dando e que precisamos de Deus para nos mimar em tudo, e que só assim, quando o Salvador nos der as vitórias e conquistas, seremos felizes e satisfeitos. Isso é um grande engano. O tanque novo cheio de combustível está na identidade e vocação de sermos apenas discípulos do Mestre.

Antes de pousar na Vitória da Conquista, precisamos aterrissar em Salvador, a fim de que Ele nos envie para um lugar novo, quem sabe para receber um novo odre (tanque) para um novo vinho (combustível). Afinal de contas, não se coloca vinho novo em odres velhos (Lucas 5:37-38). Foi exatamente isso que aconteceu comigo e o que gerou este livro. Em Salvador, fui servido, mas foi ao dar e servir que recebi um tanque novo.

Um dos nossos problemas como igreja é permanecermos no mesmo nível de maturidade com o qual começamos, comportando-nos como uma multidão que espera que Jesus apenas continue a curar nossas doenças, multiplicar nosso pão, acalmar nossas tempestades e nos levar para o céu, de preferência bem longe das pessoas que consideramos más e pecadoras, as quais julgamos não merecer nosso amor e nossa companhia. Essa insistente permanênci no jardim de infância evangélico gera um povo arrogante, despreparado, egoísta e infrutífero para o Reino de Deus. Isso resulta em um povo desdiscipulados, incapaz de refletir a verdadeira essência do discipulado que Jesus nos ensinou.

Eu estou aqui para te dizer que, assim como eu, você já foi longe demais para voltar. Jesus te encontrou. Mas também quero lembrá-lo de que, embora a vida cristã seja repleta de vitórias e conquistas, o cerne do evangelho não está nisso. A vida abundante prometida por Jesus não se resume à noção de vitórias terrenas (João 10:10). O evangelho é sobre o Salvador, é sobre um relacionamento profundo com Jesus, em que Ele te ama para que você possa amar, te serve para que você possa servir, te perdoa para que você possa perdoar, te adota para que você possa adotar e morre por você para que você viva por Ele e, se necessário, morra pelos outros.

Ao refletir sobre a nossa viagem que se tornou uma “parábola”, percebemos que Vitória da Conquista é apenas uma passagem, não o destino final. Essa passagem é proporcionada pelo Salvador, mas a verdadeira transformação, a virada de chave, acontece ao receber um novo odre em Tanque Novo, para seguir Jesus até o fim. É melhor dar do que receber, então não julgue um homem ou uma mulher de Deus pelo quanto eles têm sido honrados, conhecidos e pelo tanto que recebem. Admire mais aqueles que estão dando, servindo e morrendo nas trincheiras pela causa do evangelho.

Mas por que precisamos de um Odre Novo?

O discípulo segue os passos de seu Mestre, mas há momentos em que chegamos ao nosso limite, sentindo-nos cansados, sobrecarregados e à beira de desistir. Muitas vezes, a sensação é de total inadequação à vida cristã e ao chamado de Deus. A única maneira de não desistir, quando o fardo se torna insuportável, é permitir que Cristo o troque pelo dEle, colocando Seu próprio fardo sobre nós. Isso nos dá um odre novo, reconfigura tudo em nosso interior, abrindo espaço para um derramar renovado de Sua graça. Para que possamos enxergar uma beleza que ainda não vimos, Cristo precisa nos dar novos olhos.

Que tipo de Deus nos fascinou? Que Divindade nos estragou para qualquer outra religião? Foi o Cristo crucificado. "Nós pregamos a Cristo crucificado, que é escândalo para os judeus e loucura para os gentios" (1Coríntios 1:23). A imagem de um Deus que se entrega à morte de cruz é, de fato, radicalmente distinta de qualquer conceito humano de divindade. O Deus que se revela em Jesus Cristo não é um soberano distante e impassível, mas um Deus que entra na nossa história e compartilha de nosso sofrimento. A cruz não é apenas um símbolo de sacrifício, mas a máxima expressão do amor de Deus por um mundo perdido e rebelde.

Jesus, o Filho de Deus, nos apresenta um Pai bondoso e amoroso. Um Pai que está sempre pronto para nos receber de volta, não importando quão longe tenhamos nos afastado. Em uma das parábolas mais tocantes, Jesus ilustra esse amor paternal ao contar a história do Filho Pródigo. "Quando ainda estava longe, seu pai o viu e, cheio de compaixão, correu para seu filho, e o abraçou e beijou" (Lucas 15:20). Essa passagem revela a prontidão do Pai em perdoar e acolher, demonstrando um amor incondicional e sem limites. É um retrato vívido de um Pai que se preocupa profundamente com cada um de nós, que celebra nossa volta para casa com um coração generoso e acolhedor.

Essa revelação do Pai bondoso é central no ministério de Jesus. Ele constantemente nos lembra da ternura e da misericórdia de Deus. "Observem os pássaros do céu: não semeiam, não colhem, nem armazenam em celeiros; contudo, o Pai celestial os alimenta. Não têm vocês muito mais valor do que eles?" (Mateus 6:26).

Esse versículo não só nos conforta, mas também desafia nossa visão de Deus, apresentando-O como um Pai que cuida dos detalhes mais simples de nossas vidas, que se importa com nossas necessidades e que está sempre presente.

Essa revelação de um Pai amoroso e cuidadoso contrasta fortemente com a ideia de um deus impessoal ou severo. Jesus veio para corrigir essas noções errôneas, mostrando que Deus não é apenas justo, mas também cheio de compaixão e graça. Através de Seus ensinamentos e de suas ações, Jesus nos convida a confiar no Pai, a viver com a certeza de que somos profundamente amados e valorizados por Ele.

Portanto, o Deus que nos fascina e nos transforma é aquele que se revelou em Jesus Cristo – um Deus de amor sacrificial, um Pai bondoso e misericordioso. Essa revelação é tão poderosa que nos muda de dentro para fora, tornando-nos capazes de amar, perdoar e servir da mesma maneira que fomos amados, perdoados e servidos por Ele.

E nós? Onde entramos nessa história?

Acreditem em mim, um ser humano tomando a cruz em amor, resignação e quebrantamento para seguir esse mesmo Jesus é também a prova mais clara e bela de que esse Jesus está vivo e foi encontrado por alguém.

Quando alguém decide, mesmo em meio às tribulações e desafios da vida, abraçar a cruz e seguir os passos de Cristo, essa decisão reflete a transformação profunda que o encontro com o Salvador produz. É uma resposta de amor a um amor maior, uma entrega total que só pode ser movida pela experiência viva e pessoal com o Cristo ressurreto. "Então disse Jesus aos seus discípulos: Se alguém quiser acompanhar-me, negue-se a si mesmo, tome a sua cruz e siga-me" (Mateus 16:24).

Pergunte-se: você realmente está disposto a tomar sua cruz? Ver uma vida marcada pela disposição de carregar a cruz diariamente é testemunhar o poder do evangelho em ação. Não é uma mera conformidade a um conjunto de regras, mas uma rendição completa a um relacionamento que transforma. Essa rendição manifesta-se em atos de amor sacrificial, em uma paz que transcende o entendimento e em uma alegria que permanece mesmo nas circunstâncias mais difíceis. "E a paz de Deus, que excede todo o entendimento, guardará os vossos corações e as vossas mentes em Cristo Jesus" (Filipenses 4:7).

Quando vemos essa transformação em alguém, sabemos que eles encontraram algo, ou melhor, Alguém, que mudou completamente suas vidas. Esse Alguém é Jesus, vivo e presente, continuamente encontrando e restaurando aqueles que se rendem a Ele.

Mas o impacto não para aí. Assim como Cristo refletiu o amor do Pai, somos chamados a refletir o amor de Cristo. A cruz que carregamos torna-se um farol de luz, guiando outros para a verdade e para o amor divino. Cada ato de amor sacrificial, cada momento de serviço humilde, cada palavra de perdão que pronunciamos, revela ao mundo a realidade do Cristo vivo em nós. "Vocês são a luz do mundo. Não se pode esconder uma cidade construída sobre um monte" (Mateus 5:14).

A vida de um discípulo, portanto, é uma vida de constante reflexão do caráter de Cristo. Em cada gesto de bondade, em cada escolha de integridade, em cada sacrifício pessoal, mostramos ao mundo quem é o nosso Mestre. "Nisto todos saberão que vocês são meus discípulos, se vocês se amarem uns aos outros" (João 13:35).

A cruz que carregamos não é um fardo de tristeza, mas um símbolo de vitória, uma prova de que estamos dispostos a viver como Cristo viveu, amando como Ele amou. E esse amor, quando refletido em nós, tem o poder de transformar não só nossas vidas, mas também as vidas daqueles ao nosso redor. É através de nossa entrega, de nossa rendição, que o mundo pode ver a glória de Deus. "Assim brilhe a luz de vocês diante dos homens, para que vejam as suas boas obras e glorifiquem ao Pai de vocês, que está nos céus" (Mateus 5:16).

Em um mundo que muitas vezes é frio e indiferente, a cruz que carregamos é um lembrete constante do amor incondicional de Deus. Cada vez que escolhemos perdoar, quando seria mais fácil guardar rancor; cada vez que servimos, quando poderíamos buscar nosso próprio conforto; cada vez que amamos, quando poderíamos ignorar, estamos refletindo o caráter de Cristo.

E é essa reflexão que tem o poder de mudar o mundo, um ato de amor de cada vez.

Assim, a cruz que tomamos diariamente é mais do que um símbolo de nossa fé; é um convite para viver uma vida que reflete a beleza e a graça de Jesus. É uma chamada para ser a luz em um mundo escuro, para ser o sal que preserva a verdade e a justiça, e para ser a prova viva de que Jesus está vivo e continua a transformar vidas através de nós.

O exemplo de Éfeso e nossa necessidade de ser e fazer discípulos

No livro de Atos, encontramos uma descrição vívida de um tumulto em Éfeso. O cenário é caótico: "*Alguns, porém, gritavam uma coisa, outros gritavam outra, porque a reunião estava em confusão; e, na sua maioria, nem sabiam por que estavam ali. Então tiraram Alexandre do meio da multidão, os judeus o empurraram para a frente, e Alexandre, acenando com a mão, queria apresentar uma defesa ao povo. Quando, porém, reconheceram que ele era judeu, todos, a uma voz, gritaram por quase duas horas: 'Grande é a Diana dos efésios!' O escrivão da cidade, tendo acalmado a multidão, disse: 'Homens de Éfeso, quem é que não sabe que a cidade de Éfeso é guardiã do templo da grande Diana e da imagem que caiu de Júpiter?'" (Atos 19:32-35).*

O povo em Éfeso estava fervoroso, hasteando a bandeira da deusa Diana e gritando por quase duas horas. Um grande tumulto foi instalado, com vozes se levantando em confusão e devoção cega. Nesse ambiente de caos e fervor religioso, podemos ver um contraste notável com a abordagem do apóstolo Paulo.

Paulo não buscou fazer barulho ou provocar tumulto. Sua missão não era levantar bandeiras ou criar confusão. Em vez disso, Paulo se concentrava em fazer discípulos. Ele investiu seu tempo e energia em ensinar e formar seguidores de Jesus. Paulo plantou uma semente profunda e duradoura em Éfeso, estabelecendo uma igreja grande, poderosa, saudável e atuante na cidade. Essa igreja não foi construída sobre práticas superficiais ou uma fé vazia, mas sobre a verdadeira conversão e discipulado genuíno.

O resultado dessa abordagem foi uma transformação

profunda e impactante em Éfeso. A cidade, que antes ecoava com os gritos pela deusa Diana, tornou-se um centro de fervor cristão, onde as almas eram ganhas e o Reino de Deus era estabelecido. Os líderes da igreja em Éfeso seguiram o exemplo de Paulo, focando não em fazer barulho, mas em ser e fazer discípulos. Eles entenderam que a mudança verdadeira vem do coração transformado pelo evangelho, e não de manifestações superficiais.

Paulo, em sua estratégia missionária, demonstrou a importância de se concentrar na formação de discípulos comprometidos. Ele sabia que um discípulo bem-formado poderia causar um impacto duradouro e significativo. A igreja em Éfeso se tornou uma luz brilhante na escuridão, não porque seus membros gritavam mais alto, mas porque viviam de acordo com os ensinamentos de Jesus.

A transformação em Éfeso é evidenciada pela reação dos novos convertidos às suas antigas práticas. Em Atos 19:19-20, lemos: "*Também muitos dos que tinham praticado magia reuniram seus livros e os queimaram diante de todos. Calculando o valor desses livros, o total chegou a cinquenta mil denários. Assim, a palavra do Senhor crescia e prevalecia poderosamente.*" Esse ato de arrependimento e abandono de práticas pagãs demonstra o profundo impacto do discipulado genuíno na vida das pessoas. Aqueles que outrora estavam imersos na escuridão da feitiçaria foram transformados pela luz do evangelho, refletindo uma mudança radical em suas vidas e prioridades.

A profundidade dessa transformação é ainda mais evidente na continuidade do ministério em Éfeso. Em Atos 19:10, lemos: "Isso continuou por dois anos, de modo que todos os judeus e gregos que viviam na província da Ásia ouviram a palavra do Senhor". A dedicação de Paulo ao discipulado resultou na disseminação do evangelho por toda a região, impactando vidas e estabelecendo uma base sólida para a igreja primitiva.

Que possamos seguir o exemplo de Paulo e da igreja de Éfeso, buscando não o barulho, mas a profundidade; não a confusão, mas a clareza; não o tumulto, mas a transformação verdadeira e duradoura.

Que sejamos discípulos dedicados e façamos discípulos comprometidos, para a glória de Deus e para a expansão do Seu Reino.

Mas, para sermos e fazermos discípulos, precisamos ser restaurados em diversos aspectos da nossa vida, começando pelo *fundamento*. Tudo começa pelo fundamento, e devemos permitir que Jesus transforme o nosso. Não é algo simples nem automático, mas é de vital importância. No próximo capítulo, veremos como Ele realiza essa transformação.

CAPÍTULO 3

Fundamentos

És o caminho, a verdade e a vida,
Rocha firme onde devo edificar,
Em Ti, Senhor, minha alma confia,
Fundamento que jamais irá desabar.

A verdade que liberta e ilumina,
A estrada que me leva ao Pai,
És a vida que vence a morte,
O alicerce que jamais se vai.

O machado que arranca pela raiz,
Toda ilusão que tenta me prender,
Rompendo as amarras do engano vil,
Para que a verdade possa florescer.

Jesus, meu caminho, minha verdade,
Minha vida em plena adoração,
Sejas sempre o fundamento,
De minha vida, fé e devoção.

João 14:1-6 —"Não se perturbe o coração de vocês; creiam em Deus, creiam também em mim. Na casa de meu Pai há muitas moradas. Se não fosse assim, eu já lhes teria dito. Pois vou preparar um lugar para vocês. E, quando eu for e preparar um lugar, voltarei e os receberei para mim mesmo, para que onde eu estiver, vocês estejam também. E vocês conhecem o caminho para onde vou."

Então Tomé lhe disse: "Senhor, não sabemos para onde o Senhor vai; como podemos saber o caminho?"

Jesus respondeu: "Eu sou o caminho, **a verdade** e a vida. Ninguém vem ao Pai, a não ser por mim".

Iniciamos uma sessão crucial não apenas para compreender o verdadeiro discipulado, mas também para vivê-lo plenamente. Diante da necessidade nos proporcionar um fundamento confiável para a vida, Jesus precisa, antes, tirar o nosso chão atual, trocar nossas bases, e num mundo e vida de engano, precisamos que Cristo seja nossa verdade como fundamento. Como afirmou John Stott em seu precioso livro *Por que sou cristão: "Não me tornei cristão porque a fé cristã é atrativa ou boa, mas porque é verdadeira*".

Cristo, como a Verdade, deve ser o alicerce da nossa existência; e se Ele não for, não somos seus discípulos.

Na sociedade pluralista em que vivemos, qualquer afirmação firme e contundente sobre a vida, declarando uma verdade absoluta, é frequentemente considerada intolerante, extremista e fundamentalista. Aqueles que alegam conhecer a verdade muitas vezes enfrentam rejeição por isso. Contudo, isso não altera o fato de que Jesus é a Verdade, pois essa é uma realidade objetiva. Assim como alguém não pode ser casado e solteiro ao mesmo tempo, apenas porque em um lugar afirma uma coisa e em outro lugar afirma outra, o que essa pessoa está fazendo não é apresentando um ponto de vista alternativo, mas mentindo contra uma verdade. Se Cristo for nossa Verdade, podemos duvidar de todo o resto, mas teremos a maior das certezas.

Nossa vida está, inevitavelmente, fundamentada em algo. Para descobrir em que baseamos nossa existência, basta refletir sobre o que mais tememos perder. Pais, cônjuge, filhos, dinheiro, bens, saúde — ou algo diferente?

Recentemente, durante uma conversa sobre um atendimento pastoral, minha esposa, Ester, compartilhou algo profundo e impactante. Enquanto ouvia alguém desabafar sobre suas dores, tentações e dúvidas, ela sentiu um impulso no espírito para perguntar: “Se hoje você perdesse seu marido e filho, voltaria para a vida na sarjeta, daquele lugar horrível de onde Deus te tirou? Será que sua vida, aparentemente melhor, não é apenas fruto de fatores externos e circunstanciais?” As lágrimas escorriam do rosto daquela pessoa, enquanto a verdade sobre o fundamento de sua vida se tornava dolorosamente clara. Ester percebeu que, para aquela pessoa, outras coisas ocupavam o lugar que deveria ser exclusivamente de Cristo. Com uma convicção profunda, Ester afirmou que, se perdesse tudo — marido, filhos, profissão, ainda saberia quem é. Eu ficaria chateado se eu não tivesse também a mesma convicção, então eu fiquei orgulhoso. Ela disse que, por mais que essas pessoas e coisas sejam valiosas e amadas, Jesus é o único fundamento inabalável de sua vida. Ester é uma seguidora de Jesus desde muito jovem, e sua vida tem sido construída com Ele no centro. Nos dez anos que temos de casados, não posso deixar de reconhecer o quanto isso faz diferença todos os dias. Apesar das fraquezas e falhas que todos nós temos, quando alguém tem Cristo como a verdade absoluta e fundamento real de sua vida, essa pessoa se torna inabalável. Lembro-me do dia em que pedi sua mão em casamento ao seu pai. Ele falou muito sobre a mulher pela qual eu estava apaixonado, mas destacou, acima de tudo, o fato de Ester ser uma das pessoas mais tementes a

Deus que ele conhecia. Temor a Deus é o princípio da sabedoria, sabedoria é construir a casa na rocha, pois princípio é fundamento. Qual é o fundamento da sua vida? Se você perdesse tudo, ainda saberia quem é? Ainda teria alegria? Qual é a base da sua felicidade e esperança?

Antes de explorarmos como Jesus transforma os fundamentos de nossa vida, é necessário considerar o contexto no qual Jesus se revela assim, no cenário que chamamos de Teologia do Cenáculo, onde, entre tantas outras palavras, Ele disse ser o caminho, a verdade e a vida. Nesse ambiente, onde Jesus lavou os pés dos discípulos e proferiu palavras profundas, preparando-os para viver com o Cristo ressurreto. A Teologia do Cenáculo é vital para todos que desejam ser discípulos do Cristo Vivo.

A teologia para discípulos

A expressão "Teologia do Cenáculo" refere-se aos ensinamentos de Jesus durante as últimas horas antes da prisão e crucificação, registrados nos capítulos 13 a 17 do Evangelho de João. No cenáculo, Jesus compartilha o coração de Sua missão e os fundamentos do discipulado. Esse momento visa preparar os discípulos para a vida após a ressurreição, fortalecidos pelo Espírito Santo.

Nos momentos finais de Sua vida terrena, Jesus trouxe seus discípulos para mais perto de Si, revelando as verdades mais profundas sobre o discipulado. Durante a última ceia, Ele apresentou não apenas ensinamentos, mas um mapa vivo, manifestado pelo toque, por amor e por intimidade. Lavando os pés dos discípulos, Jesus demonstrou humildade e serviço, ordenando que fizessem o mesmo (João 13:14-15). Mesmo sabendo que seria negado e traído, Ele não prometeu retaliação, mas revelou a profundidade de Sua graça (João 13:21-26).

Em meio à angústia de Seus seguidores, Jesus revelou Sua essência: o caminho, a verdade e a vida (João 14:6). Reafirmando Sua união com o Pai (João 14:10-11), Ele esclareceu que, onde quer que estivesse, eles estariam também (João 14:2-3). Durante essa noite, Ele apresentou o Consolador, o Espírito Santo, que estaria com eles para sempre (João 14:16-17), e compartilhou a parábola da videira verdadeira, ilustrando a conexão vital entre Ele e Seus seguidores (João 15:1-8).

Jesus também preparou seus discípulos para as provações que enfrentariam, garantindo-lhes que, embora houvesse tribulações, poderiam encontrar coragem e paz, pois Ele havia vencido o mundo (João 16:33). Ele assegurou que suas tristezas seriam transformadas em alegria indestrutível (João 16:20-22) e reafirmou a vinda do Espírito Santo, que os guiaria em toda a verdade (João 16:13).

Além de ensinar e demonstrar, Jesus orou por seus discípulos, intercedendo de maneira poderosa e amorosa (João 17). O apóstolo João capturou essa oração com detalhes preciosos, deixando-nos um legado inestimável.

Essas verdades reveladas por Jesus são o fundamento de nosso discipulado. Conhecê-Lo profundamente é a essência de segui-Lo.

Esses ensinamentos de Jesus nos últimos momentos não estão separados dos demais durante Seu ministério, mas são intensificados e aprofundados de maneira única. Ao longo do livro, obviamente consideraremos mensagens de Jesus fora dos capítulos de João 13 a 17, mas reconhecendo que, nesses momentos, as verdades foram reafirmadas com ainda mais profundidade e urgência.

Ressurreição: o princípio em que se baseia toda a formação espiritual

A formação espiritual, cerne do discipulado, está firmemente alicerçada na ressurreição de Cristo, como destacado por Eugene Peterson em *Viva a ressurreição*. A ressurreição não é apenas um evento histórico, mas o fundamento da vida cristã, oferecendo uma nova perspectiva e, mais do que isso, uma nova vida para aqueles que seguem a Jesus.

Como poderíamos adorar a Cristo se Ele não estivesse vivo entre nós? Como seguir Aquele que permanece no túmulo ou se perdeu na história? Cristo não é um mito ou uma religião impessoal — Ele está vivo. Esse é o poder de Sua ressurreição: a comunhão com Ele, por meio do Espírito Santo. Cristo, o ressurreto, se apresenta a nós por meio de Sua Palavra, que é viva e eficaz. Ele é a Palavra de Deus, e o Evangelho nos revela um Ser Santo, amável, digno, incomparável e majestoso, merecedor de toda adoração.

Ao conhecê-Lo, ao dobrar os joelhos e iniciar a vida cristã, temos o privilégio de ter Cristo como nosso discipulador. Ele nos guia, ensina e transforma. Cristo, o ressurreto, é o único capaz de remover raízes podres e substituir fundamentos frágeis por uma base sólida.

Ele é o fundamento, a pedra angular sobre a qual podemos construir nossa vida.

A necessidade de um fundamento sólido

Antes de conhecermos Cristo, nossas bases eram passageiras, instintivas, emocionais — provenientes de uma alma caída e de um espírito morto. Vivíamos sobre areias movediças, distantes da realidade perfeita apresentada por Cristo. O Senhor deseja acessar e transformar esses fundamentos, oferecendo uma base firme para nossas vidas. Essa transformação é o que torna possível uma vida verdadeiramente cristã, fundamentada não em nossos desejos, mas na vontade perfeita de Deus.

Cristo é o fundamento porque é a verdade, e a verdade fundamenta todas as coisas. Ele é a pedra angular sobre a qual devemos construir nossa vida espiritual. Sem esse fundamento, tudo o que fazemos é efêmero e passageiro. O Senhor deseja transformar esses fundamentos, para que possamos viver de forma sólida e permanente.

Os alicerces da nossa fé determinam a solidez de nossa vida espiritual. Jesus quer restaurar nossos fundamentos, removendo os escombros acumulados pela Queda. Jesus Cristo nos oferece o ponto de partida essencial para essa caminhada. Em João 14:6, Ele declara: "Eu sou o caminho, a verdade e a vida. Ninguém vem ao Pai senão por mim". Essas palavras não são apenas uma afirmação de Sua identidade, mas uma revelação de que Ele é o próprio fundamento sobre o qual nossa vida deve ser edificada. Cristo nos convida a alinhar nossa vida com a realidade divina, a base segura que restaura tudo o que está distorcido em nós.

Essa verdade, que é Cristo, nos orienta e liberta. Em João 8:32, Jesus nos lembra: "E conhecerão a verdade, e a verdade os libertará". Quando nossos corações e nossas mentes se firmam na verdade de Cristo, somos libertos das mentiras que aprisionam o mundo. A verdade de Cristo expõe as falsas seguranças e nos guia para uma liberdade autêntica, onde nossas vidas são orientadas pelo amor e pela graça de Deus.

Para que essa transformação ocorra, é necessário que

as falsas fundações sejam removidas. João Batista, em Mateus 3:10, usa uma imagem poderosa: "O machado já está posto à raiz das árvores; e toda árvore que não produzir bom fruto será cortada e lançada ao fogo". Essa metáfora é uma chamada ao arrependimento e à renovação. Cristo não se contenta em tratar superficialmente os sintomas; Ele vai à raiz, ao cerne do nosso ser, removendo tudo o que está mal fundamentado. Ele corta as falsas seguranças e planta em nós um novo fundamento, sólido e verdadeiro.

O apóstolo Paulo também enfatiza a importância desse fundamento em 1Coríntios 3:10: "Segundo a graça de Deus que me foi dada, lancei o fundamento como sábio construtor, e outro edifica sobre ele; mas veja cada um como edifica sobre ele". Paulo, como sábio construtor, reconhece que o fundamento que lançou é Cristo, e todos os que seguem a Cristo devem edificar sobre esse fundamento com cuidado e discernimento.

Esses versículos nos levam a entender que o conhecimento de Deus e de Cristo é a pedra angular sobre a qual nossa vida como discípulos deve ser edificada. Cristo, a verdade que liberta, é o fundamento que restaura tudo o que foi corrompido pelo pecado. E esse fundamento é estabelecido quando permitimos que o machado de Deus corte as raízes erradas, preparando-nos para produzir frutos que glorifiquem o Seu nome.

O perigo das falsas bases

Desde o início da humanidade, o inimigo tem se empenhado em desviar nossos corações e nossas mentes dos fundamentos verdadeiros, substituindo-os por bases frágeis e enganosas. Essas falsas bases se manifestam no Hedonismo, Materialismo e Humanismo, que moldam profundamente o pensamento do homem pós-moderno.[7]

Hedonismo: a busca incansável pelo prazer

O hedonismo, um dos pilares do pensamento pós-moderno, promove a ideia de que o propósito da vida é maximizar o prazer e minimizar a dor. Vivemos em uma era em que o prazer imediato é exaltado e o desconforto evitado a todo custo. Essa filosofia se manifesta no consumismo desenfreado e na glorificação da autoindulgência, em que os desejos individuais são colocados acima de qualquer outra consideração.

Materialismo: a ilusão das riquezas

O materialismo reduz a realidade ao que é físico e tan-

7. Homem pós-moderno refere-se ao indivíduo que vive na era pós-moderna, caracterizada por uma rejeição das grandes narrativas ou verdades universais que moldaram a modernidade. No contexto pós--moderno, há uma ênfase na relativização da verdade, pluralidade de perspectivas, e uma desconfiança das estruturas tradicionais de autoridade e conhecimento. O homem pós-moderno tende a adotar uma postura mais cética e fragmentada em relação à vida, muitas vezes guiado por valores como individualismo, consumismo e a busca pelo prazer imediato.

gível, promovendo a ideia de que o valor de uma pessoa é medido por suas posses. Em uma cultura onde o consumo é rei, o materialismo nos ensina a buscar satisfação em coisas que podemos comprar, convencendo-nos de que a felicidade está atrelada ao que possuímos.

Humanismo: o homem no centro do universo

O humanismo coloca o ser humano como a medida de todas as coisas, enfatizando a autonomia e a capacidade humana de definir seu próprio destino sem a necessidade de uma referência divina. Nesse sistema de pensamento, o homem se torna o centro do universo, e tudo é avaliado com base em sua utilidade para o progresso humano.

Os fundamentos do hedonismo, materialismo e humanismo estão profundamente enraizados na cultura pós-moderna, mas são inadequados para sustentar a vida de um discípulo de Jesus. Esses fundamentos são como areia movediça, oferecendo uma falsa sensação de segurança e satisfação, mas levando, em última análise, à ruína.

A estratégia constante do inimigo

Desde o princípio, o inimigo tem usado as mesmas estratégias para desviar o ser humano do propósito de Deus, tentando estabelecer falsos fundamentos para a vida.

Em Gênesis 3:6, vemos como a serpente seduziu Eva a comer do fruto proibido, utilizando três apelos: o desejo da carne, o desejo dos olhos e a soberba da vida. Esses apelos correspondem diretamente ao hedonismo, materialismo e humanismo.

O diabo tentou Jesus no deserto com a mesma estratégia (Mateus 4), apelando para o desejo da carne, o desejo dos olhos e a soberba da vida. No entanto, Jesus resistiu, *afirmando a verdade de Deus* sobre cada tentação. O apóstolo João, em 1João 2:16, resume essas tentações: "Porque tudo o que há no mundo, o desejo da carne, o desejo dos olhos e a soberba da vida, não procede do Pai, mas procede do mundo".

Em cada um desses momentos – a queda no Éden, a tentação de Jesus no deserto e o resumo de João, vemos uma batalha pelos fundamentos sobre os quais a vida será construída. O inimigo sempre procura estabelecer falsos fundamentos baseados no hedonismo, materialismo e humanismo, os mesmos princípios que dominam a cultura pós-moderna.

A subversão dos falsos fundamentos em Cristo

Porém, em Cristo, vemos a verdadeira subversão desses fundamentos. Ele nos chama a um fundamento inabalável – a verdade de Deus, a dependência de Sua vontade e a busca do Reino acima de tudo. Ao conhecermos a Deus e nos fundamentarmos em Cristo, somos libertos dessas tentações e capacitados a viver uma vida plena e significativa, na qual a verdade, em amor e graça de Deus, tornam-se os pilares sobre os quais construímos tudo.

Troca de fundamentos

É preciso reconhecer que esses fundamentos errados dominam a vida cotidiana, afastando o homem da verdade de Cristo.

Quando o hedonismo, materialismo e humanismo se tornam os pilares de uma vida, o resultado é a destruição espiritual e emocional.

No entanto, Cristo veio para desfazer essas obras do inimigo. Ele nos chama a substituir esses fundamentos errados pela verdade do Evangelho. Assim como Jesus respondeu às tentações do diabo com as Escrituras, nós também somos chamados a rejeitar as mentiras do mundo e abraçar o verdadeiro fundamento: o conhecimento de Deus e de Seu Filho, Jesus Cristo.

Assim como Jesus venceu a tentação no deserto, nós também podemos vencer, substituindo o hedonismo pelo prazer de servir a Deus, o materialismo pela busca do Reino de Deus e da Sua justiça e o humanismo pelo reconhecimento da soberania divina.

O fundamento é Jesus, conhecer a Cristo

"E a vida eterna é esta: que te conheçam, a ti só, por único Deus verdadeiro, e a Jesus Cristo, a quem enviaste" (João 17:3). O grande fundamento da vida de um discípulo de Jesus é o conhecimento de Deus. Esse conhecimento não é apenas uma experiência intelectual ou uma acumulação de informações religiosas; ele é a própria essência da vida eterna. Quando Jesus declara que a vida eterna é conhecer a Deus e a Si mesmo, Ele revela o propósito supremo e o maior dom que o ser humano pode receber: um relacionamento íntimo e contínuo com o Criador.

A Bíblia define a vida eterna de maneira poderosa e clara. Não é apenas uma existência prolongada, mas uma vida profundamente enraizada no conhecimento de Deus. Esse conhecimento transforma e molda o verdadeiro discípulo, sendo o alicerce sobre o qual toda a vida cristã se edifica. Ele não se trata apenas de saber sobre Deus, mas de conhecê-Lo de maneira profunda, íntima e transformadora.

O profeta Jeremias, cerca de 600 anos antes de Jesus, inspirado pelo Espírito de Deus, escreveu: *"Não se glorie o sábio na sua sabedoria, nem o forte na sua força, nem o rico nas suas riquezas. Mas quem se gloriar, glorie-se nisto: em me conhecer e saber que eu sou o Senhor, que faço misericórdia, juízo e justiça na terra;*

porque destas coisas me agrado", diz o Senhor (Jeremias 9:23-24).

Essas palavras são claras: Sabedoria, Força e Riqueza são dádivas desejadas na vida, mas podem se tornar ídolos perigosos quando não estão alinhadas ao coração de Deus. Quando a sabedoria, a força e a riqueza se tornam o centro da nossa identidade, elas rapidamente se transformam em fontes de soberba e arrogância. Nossa administração dessas dádivas pode se tornar profundamente prejudicial se não estiver alinhada ao coração de Deus e, infelizmente, sabemos muito bem transformar bênçãos em ídolos.

O profeta deixa claro que o conhecimento de Deus é o fundamento que dá sentido a todas as outras áreas da vida. Ele é a base sobre a qual se constrói uma vida de verdadeira sabedoria, força e riqueza.

Bênçãos podem ser desfrutadas, mas nunca devem se tornar nosso fundamento ou essência da nossa felicidade.

Sabedoria: a ilusão da superioridade

A sabedoria humana, quando divorciada do conhecimento de Deus, se torna uma armadilha de orgulho e vaidade. Aqueles que alcançam altos níveis de conhecimento em suas profissões podem facilmente cair na tentação de se sentir superiores aos outros. Essa sabedoria, por mais admirável que pareça, se torna vazia e enganosa, quando não está enraizada no temor do Senhor.

O conhecimento de Deus transforma nossa sabedoria em humildade. Ele nos ensina que, por mais que saibamos, há sempre mais a aprender, especialmente sobre o caráter e os caminhos do Senhor. Quando conhecemos a Deus, nossa sabedoria é redimida e se torna um instrumento para servir aos outros em vez de um pedestal para nos colocarmos acima deles.

Força: a ilusão da autossuficiência

A força, seja física, emocional ou espiritual, é muitas vezes vista como uma das maiores dádivas da vida. O mundo exalta aqueles que são resilientes, que superam desafios e que possuem uma vitalidade acima da média. No entanto, quando essa força não está alicerçada no conhecimento de Deus, ela se torna uma fonte de autossuficiência perigosa.

A força humana, sem Deus, é uma ilusão. Ela pode dar a falsa impressão de que somos capazes de controlar nossas vidas e nossos destinos, levando-nos a confiar em nossas próprias capacidades. Essa autossuficiência nos afasta da humildade necessária para reconhecer nossa fragilidade e nossa necessidade de Deus.

A verdadeira força vem de Deus e é renovada diariamente à medida que nos voltamos para Ele. Quando conhecemos a Deus, nossa força se torna dependência saudável e confiante nEle, e não uma tentativa de provar nossa própria capacidade.

Riqueza: a ilusão da segurança

A riqueza sem o conhecimento de Deus pode se tornar uma maldição. O conforto, o prestígio e o poder que a riqueza proporciona são altamente valorizados, mas quando a riqueza se torna o fundamento da nossa felicidade e autoestima, ela nos conduz à idolatria e à alienação de Deus.

A riqueza, sem Deus, nos engana ao nos fazer acreditar que estamos seguros e independentes. Ela nos dá uma falsa sensação de controle sobre nossas vidas e sobre os outros, levando-nos a confiar em nossos recursos ao em vez de confiar em Deus.

Conhecer a Deus redefine nossa relação com a riqueza. Ela deixa de ser um ídolo e se torna um meio de abençoar os outros e de promover o Reino de Deus. Quando conhecemos a Deus, entendemos que nossa verdadeira segurança e riqueza estão nEle, e não nas posses que acumulamos.

A dádiva suprema: conhecer a Deus

Conhecer a Deus é a verdadeira fonte de fascínio, a alegria que transborda em louvor sincero e genuíno.

Não é uma ilusão passageira ou um clichê vazio; é a experiência profunda de quem foi tocado pela graça. Aqueles que realmente conhecem o Senhor não se enganam em suas celebrações, pois estas são fundamentadas na verdade, no amor que transforma e na presença que preenche.

Deus deseja que Seus filhos se sintam profundamente amados, escolhidos, únicos, até mesmo mimados por Seu amor. Mas esses sentimentos devem ser enraizados nos motivos certos. O verdadeiro privilégio está em perceber o que a graça de Deus fez em você, em reconhecer o Senhor em todos os seus caminhos e em viver com a convicção de que, independentemente das circunstâncias, o maior tesouro já lhe foi concedido: o conhecimento de Deus.

Essa dádiva, é oferecida tanto nos dias maus quanto nos dias bons, com a mesma intensidade e plenitude. Os dias de luta e os dias de glória possuem uma semelhança essencial: a vida na terra e a vida no céu compartilham de um propósito comum. Estar presente em um culto ou realizar as tarefas mais simples durante a semana pode ter a mesma essência: conhecer o Senhor e continuar a conhecê-Lo cada vez mais.

Eis a verdadeira felicidade: uma pessoa que conhece a Deus. Alguém assim pode entrar em qualquer lugar, em qualquer festa, sem se sentir inferior a ninguém, mas também sem se colocar acima de outros. Não precisa de uma postura servil, humilhante, ou de mendicância espiritual; e não desdenha de qualquer outro por qualquer motivo. Essa é a nobreza de quem serve com dignidade e aceita ser servido com a mesma dignidade.

Que grande maldição é ser sábio, forte e rico, mas não conhecer a Deus! Pois é o conhecimento de Deus que dá sentido, razão e propósito a todas as outras dádivas.

Sem Ele, mesmo os maiores presentes se tornam vazios, sem significado.

Com qualquer outra dádiva, você pode perder tudo. Mas conhecer a Deus? Isso ninguém pode tirar. Mesmo que você alcance o final da vida com todas as outras dádivas em um nível satisfatório, se não tiver conhecido a Deus, terá sido privado da maior alegria, do maior prazer. A ausência de genuína gratidão, de generosidade, de propósito e de amor revelará o vazio que nada mais pode preencher.

De que adianta conhecer as leis da física se você não conhece o Criador que o fez? De que adianta ter toda força, saúde, beleza e vitalidade se não há vida no espírito pulsando dentro de você, preenchendo-o? De que adianta ter a melhor casa, o melhor carro, as melhores viagens se não há a paz, o amor e a alegria de Jesus em seu coração?

Portanto, esse fundamento é, sem dúvida, digno de ser o alicerce de toda a nossa vida. No entanto, essa é apenas a primeira etapa no caminho do discipulado de Jesus. Ser *Apenas discípulos* implica algo ainda mais profundo: o Senhor não apenas estabelece e se torna nosso fundamento, mas também transforma e molda nossas afeições. Ele não deseja apenas uma mudança superficial, mas busca impactar e redirecionar nossos corações, amores e desejos mais profundos. No próximo capítulo, veremos como esse relacionamento vivo com Jesus não apenas sustenta nossa vida, mas também redefine, de forma radical e permanente, aquilo que verdadeiramente amamos.

CAPÍTULO 4

Afeições

Amar-te, Jesus, acima de tudo,
Mais que a própria vida, mais que o que é meu,
Esvaziar-me do que sou e tenho,
Para que o Teu amor seja o meu.

Deixar para trás o que mais estimo,
E até a mim mesmo, renunciar,
Pois em Ti, Senhor, encontro o rumo,
O verdadeiro sentido de amar.

Mais que a família, mais que os amigos,
Mais que o abrigo, conforto e pão,
Teu chamado, Cristo, é meu abrigo,
Teu amor, a chama no coração.

Quem não deixa tudo por seguir Teus passos,
Não pode, ó Mestre, a Ti pertencer,
Pois amar-Te é mais que simples laço,
É entregar-se sem nada reter.

Caminho estreito, renúncia e cruz,
Mas em Ti, Jesus, há plenitude,
Teu amor me guia, me conduz,
Ao Reino eterno, à verdadeira virtude.

Lucas 14:25-26 "Grandes multidões acompanhavam Jesus, e ele, voltando-se, lhes disse: — Se alguém vem a mim e não me ama mais do que ama o seu pai, a sua mãe, a sua mulher, os seus filhos, os seus irmãos, as suas irmãs e até a sua própria vida, não pode ser meu discípulo."

João 14:21-24 "Aquele que tem os meus mandamentos e os guarda, esse é o que me ama; e aquele que me ama será amado por meu Pai, e eu também o amarei e me manifestarei a ele." Judas (não o Iscariotes) perguntou: "Senhor, como é que o senhor se manifestará a nós, e não ao mundo?" Jesus respondeu: "Se alguém me ama, guardará a minha palavra; e meu Pai o amará, e nós viremos até ele e faremos nele morada. Quem não me ama não guarda as minhas palavras; e a palavra que vocês estão ouvindo não é minha, mas do Pai, que me enviou."

Jesus, como nosso fundamento, é a rocha sólida sobre a qual construímos toda a nossa vida. Ele é o alicerce firme, baseado no conhecimento pessoal e íntimo de quem Ele realmente é. Mas quando falamos de Jesus como nosso amor, Ele não é apenas o fundamento; Ele ocupa o centro de nossa existência. Ele se torna o objeto de nossa mais elevada estima, valor e devoção, de tal maneira que estaríamos dispostos a morrer por Ele -- e faríamos isso com alegria.

Quando Jesus se revela como a Verdade, Ele se torna o nosso fundamento seguro. E quando Cristo se revela como a Vida, Ele se torna o nosso Amado, redimindo o nosso coração.

Nesse processo de revelação, Cristo não apenas sustenta nossa vida, mas também transforma completamente o nosso ser, trazendo redenção e renovação para cada parte de nós. Ele redime nossos amores, purifica nossos desejos e nos conduz a uma devoção tão profunda que nos leva a encontrar verdadeira alegria e propósito, mesmo nas circunstâncias mais desafiadoras.

O Deus amor, que pede amor

No texto de Lucas 14:25-26, o Senhor Jesus pronuncia uma das declarações mais desconcertantes e confrontadoras de todo o seu ministério. Aquele que é amor nos pede amor. Após ter ensinado que amar a Deus "de todo o seu coração, de toda a sua alma, de todas as suas forças e de todo o seu entendimento" (Lucas 10:27) é o mandamento mais importante, Ele agora direciona esse amor para Si, confrontando aquilo que é mais central em nossas vidas: nosso coração. *Se, por um lado, os fundamen-*

tos definem a vida que vivemos, nossos amores definirão para quem estamos vivendo. Ao mudar nosso fundamento e nos conduzir ao conhecimento de Cristo, o Pai nos chama a amar o Ser mais amável do universo.

Já em João 14:21-24, Jesus menciona "me ama" quatro vezes, sublinhando a importância do amor como a base do relacionamento entre Ele e seus discípulos. Esse amor, que inicialmente é uma profunda troca afetiva, será demonstrado por meio da obediência. Quem ama a Jesus guarda seus mandamentos, e essa obediência leva ao amor do Pai e à presença divina na vida do crente. Falaremos bastante sobre isso nos próximos capítulos. A repetição de "me ama" ressalta que o amor por Jesus é central para a vida cristã e é o critério pelo qual se mede a autenticidade desse relacionamento.

Nossos amores e desejos precisam ser redirecionados para aquilo que é verdadeiro e eterno. Jesus nos chama a amá-Lo acima de todas as coisas, e é nesse amor que encontramos a verdadeira liberdade e satisfação.

Existe, portanto, uma relação inseparável do discipulado de Jesus e a condição do nosso coração. A quem amamos mais?

Jesus nos pede um amor especial

Na "grande multidão", que o texto em Lucas 14 nos apresenta, estavam aqueles que queriam seguir Jesus segundo seu próprio jeito, nas suas próprias condições e em suas próprias "cláusulas de contrato". Trata-se de nossa terrível mania de querer modificar princípios que ofendem nossa paixão louca por nós mesmos, bem como nossas vontades.

Temos a tendência de modificar muitas coisas com o único propósito de favorecer nossos próprios alvos. Porém, Jesus colocou o machado na raiz desse problema. Ele confrontou aqueles que se escondiam em meio a multidão, afirmando que, para segui-lo verdadeiramente, era necessário sair das sombras e andar conforme os valores e termos que Ele estabeleceu, e não segundo os que criamos para nós mesmos. *Para seguir Jesus, é preciso evidenciar um tipo de amor especial, um amor que exige a negação do nosso ego.*

Portanto, o verdadeiro discipulado demanda amor, mas não qualquer amor, e sim um amor distinto. O tipo de amor que vivenciamos é determinado pelo objeto que amamos. Por exemplo, amar um time de futebol, como o meu Palmeiras, jamais seria igual a amar a esposa, os filhos ou até mesmo um animal de estimação.

Quando amamos a Deus como se Ele fosse apenas mais uma coisa entre outras, ou apenas mais uma pessoa em nossa vida, Ele não está sendo priorizado. Ele se torna apenas mais um item em nossa agenda. E o que isso tem a ver com ser apenas um discípulo?

O ponto crucial é que o discipulado exige que amemos Jesus como Deus, e não apenas como mais uma pessoa. Jesus é certamente uma pessoa, mas, por ser também Deus, deve ser amado acima de todas as outras.

Sem dúvida, Ele é homem, mas, por ser Deus, deve ser o homem mais amado entre todos, mais do que qualquer coisa existente neste mundo, o qual Ele mesmo criou (Jo 1.1-14; Cl 1.15-20). Jesus sempre deve ter a primazia. Nosso pecado está em não reconhecer sua primazia e suas implicações para nossa vida.

Dito isso, voltemos à poderosa afirmação de Jesus em Lucas 14:26: "Se alguém vem a mim e ama o seu pai, sua mãe, sua mulher, seus filhos, seus irmãos e irmãs, e até a sua própria vida mais do que a mim, não pode ser meu discípulo". Essas palavras soam como um eco eterno, chamando-nos a um amor que ultrapassa o que conhecemos, um amor que transcende as fronteiras do coração humano.

O verdadeiro discípulo ama Jesus como Deus, como o único digno de ocupar o trono do nosso ser, acima de qualquer outro afeto, acima até mesmo daquilo que consideramos mais precioso: nossa família, nossa própria vida. Isso só pode ocorrer no interior de um ser humano a partir de uma espécie de cirurgia espiritual no coração.

Esse amor não diminui o que sentimos por aqueles que amamos; ao contrário, ele o purifica e o coloca em sua devida ordem, sob a primazia de Cristo.

Imaginem, então, aqueles que seguiam Jesus em meio à multidão, de forma quase anônima, hesitando em entregar-se completamente a Ele e aos seus ensinamentos, pressionados pelas vozes familiares, pelas ameaças e pelo medo do rompimento. Quantos, talvez, ouviram de seus pais, cônjuges ou de toda a família: “Você deve escolher entre seguir Jesus ou continuar entre nós. Se optar pelo Nazareno, será expulso desta casa, tratado como um estranho, um inimigo”. Esse dilema não é exclusivo do passado; ainda hoje, em tantas partes do mundo, aqueles que escolhem seguir a Cristo enfrentam a perda de tudo o que lhes é familiar, perseguições, até mesmo o martírio.

Mas o que move esses verdadeiros discípulos a escolher Jesus, mesmo diante da rejeição, mesmo quando o preço é tão alto? É um tipo de amor que desafia a lógica do mundo, um amor que nasce do reconhecimento de quem Jesus é: o Deus soberano, Criador e sustentador de tudo o que existe, o centro absoluto de todas as coisas. Esse amor não é apenas uma marca do discipulado; ele é o próprio coração do discipulado. Amar a Cristo como Deus, acima de todas as coisas, é o que nos torna verdadeiramente Seus.

Ainda assim, é crucial entender que Jesus não nos chama a odiar nossas famílias. Pelo contrário, Ele nos chama a amar nossas famílias com um amor saudável, um amor que só pode ser corretamente ordenado quando Cristo ocupa o lugar central. Quando amamos nossa família mais do que a Deus, não estamos realmente amando como deveríamos; estamos colocando sobre eles um fardo que somente Deus pode carregar. Eles se tornam ídolos, e os ídolos sempre desfiguram aquilo que deveria ser belo. Quer destruir algo? Promova-o ao lugar que pertence somente a Deus. Cônjuge, filhos, pastores, amigos, ministério e até mesmo a carreira profissional serão corrompidos se forem elevados a esse lugar que provê satisfação e prazer como base de felicidade.

O discipulado exige uma transformação radical em nossos amores. Ele nos chama a colocar Cristo no centro, e, ao fazer isso, todos os outros amores encontram seu lugar adequado.

O amor por Jesus, acima de tudo, nos liberta para amar verdadeiramente.

Cativados Por Jesus

Conforme aprendi ouvindo e lendo o grande Jonas Madureira,[8] em seu excelente livro O Custo do Discipu-

8. **Jonas Madureira** é teólogo, pastor e professor, conhecido por sua profunda contribuição ao cristianismo no Brasil. Ele é doutor em Filosofia pela Universidade de São Paulo (USP) e mestre em Teologia pela Faculdade Teológica Batista de São Paulo (FTBSP). Além de autor de diversos livros, é pastor da Igreja Batista da Palavra em São Paulo e editor da Edições Vida Nova.

lado, "Discipulado é a Doutrina da Imitação de Cristo". No entanto, sabemos que só seremos capazes de imitar verdadeiramente a Cristo se formos conquistados por Ele, se nos encontrarmos fascinados e profundamente enredados nesse relacionamento de amor. Como podemos ler em um trecho do clássico *Imitação de Cristo*, de Tomás de Kempis, que Jonas cita em sua obra:

> *"Bem-aventurado aquele que compreende o que é amar a Jesus e desprezar-se a si mesmo por amor de Jesus. Por esse amor, deves deixar qualquer outro, pois Jesus quer ser amado acima de tudo. O amor da criatura é enganoso e inconstante; o amor de Jesus é fiel e inabalável. Apegado à criatura, cairás com ela, que é instável; abraçado com Jesus, estarás firme para sempre." — Tomás de Kempis, Imitação de Cristo*

Quando olho para a história do Cristianismo, sinto-me fascinado pelo exemplo de homens e mulheres de Deus, pessoas que dedicaram suas vidas e, em muitos casos, derramaram seu sangue não por uma causa, ideia ou projeto, mas por uma Pessoa real. Alguém que carregava em Si uma mensagem maravilhosamente transformadora e, ao mesmo tempo, assustadoramente perigosa. Essa Pessoa os cativou de maneira tão profunda, com um tipo de amor tão diferente de qualquer coisa que este mundo pode oferecer, que eles não puderam resistir à sua doce chamada. E, assim, passaram a amá-lo, segui-Lo e imitá-Lo. Esses homens e mulheres eram cristãos, discípulos de Jesus Cristo. Eles foram cativados por Jesus e, por isso, passaram a imitá-Lo e a desejar que outros o imitassem também.

Sou fascinado pelo Jesus que cativou esses homens e mulheres, mas também sou admirador desses discípulos que, mesmo sem os ter conhecido ou vivido em seu tempo, continuam a nos cativar. Vemos neles o reflexo do encanto que sentiram por Jesus — aquele que também nos cativou. Isto é a essência do discipulado: seguir a Jesus e ensinar outros a segui-Lo, movidos por um amor que transforma.

Alguns meses atrás, fui com minha esposa e filhos assistir a uma encenação da linda peça *O pequeno príncipe*, de Antoine de Saint-Exupéry. Curiosamente, há uma parte que nos ajuda a entender a dinâmica de ser cativado. Em certo momento, o conhecido diálogo entre o menino e a raposa revela uma grande verdade. Quando o menino convida a raposa para brincar, ela responde que não pode aceitar, pois ainda não foi cativada. Intrigado, o menino pergunta o que significa cativar, ao que a *raposa responde: "Cativar é criar laços". E ela prossegue em sua explicação, dizendo: "Tu não és para mim senão um garoto igual a cem mil outros garotos. E eu não tenho necessidade de ti. E tu também não tens necessidade de mim. Não passo aos teus olhos de uma raposa igual a cem mil outras raposas. Mas, se tu me cativas, nós teremos necessidade um do outro. Serás para mim único no mundo. E eu serei para ti única no mundo."*

Meu Deus, o que isso poderia ser, senão um retrato do que acontece quando encontramos Jesus como Ele realmente é!

Quando somos cativados por Ele, criamos laços profundos, inquebráveis, que nos fazem perceber que Ele é o único em nosso mundo, e nós nos tornamos únicos para Ele.

Afeições santas

Esse fascínio é o que gera em nós uma esperança para matar essa fome que carregamos na alma. Semelhantemente, como nos encontramos famintos por comida, seremos presas fáceis para qualquer cheirinho que emana da panela. Nossa alma, tecida e preparada para amar, está em busca de algo em que possa fixar seus afetos.

Não por acaso, uma das frases mais citadas de João Calvino,[9] "Nosso coração é uma fábrica de ídolos", pre-

9. João Calvino (1509-1564) foi um teólogo e reformador protestante, conhecido por seu papel central na Reforma Protestante e por desenvolver a teologia reformada, conhecida como Calvinismo. Sua obra principal, *As Institutas da Religião Cristã*, enfatiza a soberania de Deus e a predestinação. Calvino foi uma figura-chave na organização da igreja reformada e na formação de uma ética cristã que influenciou a sociedade ocidental.

cisa apenas do mínimo de honestidade para ser por quem a ouve, testificada como verdadeira. Fomos feitos para amar e ser amados, e enquanto não formos achados no Senhor, estaremos nos apaixonando por outros deuses. Como disse também Agostinho de Hipona:[10] "Fizeste--nos para ti, e inquieto está o nosso coração enquanto não repousar em ti".

Nesse assunto de amor intenso ao Senhor, dois autores foram um canal para Deus mudar a minha vida. Vou falar um pouco sobre o primeiro, a saber, Jonathan Edwards.[11]

Edwards, em seu monumental livro *Afeições religiosas*, nos conduz a uma reflexão profunda sobre a natureza do verdadeiro amor por Deus e como ele se manifesta nas afeições santas. *Afeições*, nas palavras do grande autor, *são os exercícios vigorosos e sensíveis da alma.* Para ele, a verdadeira religião não é apenas um conjunto de crenças ou práticas externas; é uma experiência interior, uma transformação das nossas afeições mais pro-

10. Agostinho de Hipona (354-430) foi um dos mais importantes teólogos e filósofos cristãos da Antiguidade. Nascido na atual Argélia, Agostinho passou por uma conversão dramática ao cristianismo após anos de busca espiritual. Suas obras, como e *A cidade de Deus*, influenciaram profundamente a teologia cristã, especialmente nas áreas da graça, pecado original e predestinação. Agostinho é reconhecido como um dos Padres da Igreja e é amplamente respeitado por sua habilidade em integrar filosofia clássica com a fé cristã.

11. Jonathan Edwards (1703-1758) foi um teólogo e pregador americano, uma figura central no Grande Despertar. Sua obra mais conhecida, *Afeições religiosas*, discute a importância das emoções santas na vida cristã. Edwards é lembrado por sua visão da soberania de Deus e do papel das afeições na verdadeira fé cristã.

fundas. Ele afirma que "a verdadeira religião consiste em grande parte nas santas afeições", sugerindo que o amor autêntico por Deus deve capturar e redirecionar todo o nosso ser.

Jonathan Edwards afirmou: "A verdadeira religião consiste em afeições santas". São essas afeições que Cristo, ao abrir nossos olhos, gera em nós. Nossos amores são afetados, moldados e redirecionados para Ele. Agora, em Cristo, fixamos nossos amores e nossas paixões. Nele encontramos o verdadeiro sentido da vida, o preenchimento perfeito que nossa alma carece.

Muitas vezes, nossas vidas são marcadas por amores desiludidos, por uma busca incessante e desesperada por satisfação em coisas que, no fundo, não podem realmente nos preencher. Namoros que prometem felicidade, mas deixam cicatrizes; bandas famosas que alimentam sonhos efêmeros; amizades que se mostram superficiais; e uma longa lista de prazeres momentâneos: bebida, drogas, sexo, dinheiro, fama.

Todos esses amores, distorcidos pelo pecado, prometem muito, mas entregam pouco, deixando-nos vazios, desapontados e sempre à procura de algo mais. É fácil nos vermos presos em uma espiral de desejos insatisfeitos, uma vida guiada por amores que nunca poderão nos dar o que tanto ansiamos.

Meu querido irmão, há esperança mesmo para aqueles que vêm de um lugar de pecado e desilusão. É possível experimentar uma transformação radical em nossas afeições. Quando começamos a andar com Deus, Ele não apenas nos acolhe em nossa condição quebrada, mas também nos concede novas afeições — santas e purificadas. O mesmo Deus que nos criou é capaz de redirecionar nosso coração de tal forma que passamos a amar aquilo que Ele ama e a aborrecer aquilo que Ele aborrece.

Essa transformação é uma obra divina, na qual Deus nos molda e renova, trocando nossos desejos corrompidos por desejos santos. Ele nos dá a capacidade de encontrar satisfação plena nEle, um prazer que transcende qualquer coisa que o mundo possa oferecer. Assim, nosso coração, antes enganoso e desesperado, é transformado em um coração que pulsa em sintonia com o do Criador.

Este é o poder redentor do amor de Deus: Como frequentemente eu declaro em púlpito e à mesa:

A graça de Deus pode encontrá-lo onde quer que você esteja, mas jamais o deixará onde o encontrou.

Ele não nos deixa no estado em que nos encontra. Ao contrário, Ele nos transforma de dentro para fora, infundindo em nós um amor por Ele que é verdadeiro, profundo e duradouro. Um amor que, ao contrário dos amores desordenados deste mundo, não é ilusório nem passageiro, mas sólido e eterno. Isso se caracteriza como uma "nova sensibilidade" que Deus cria em nosso coração, na qual começamos a nos deleitar na santidade, a nos alegrar em Sua presença e a buscar fervorosamente a Sua vontade.

Esse processo de transformação não é instantâneo, mas gradual. Ao andar com Deus, nossas afeições começam a mudar. O que antes nos atraía perde o brilho. O que antes nos parecia importante torna-se secundário. E aquilo que antes era ignorado ou desprezado — a presença de Deus, a vontade de Deus, o amor pelo próximo, a busca pela santidade — passa a ocupar o centro de nossas vidas. O amor por Deus se torna a força motriz que guia todas as nossas ações, decisões e desejos.

Não importa quão profundamente marcados pelo pecado possamos estar, o amor de Deus é capaz de nos restaurar e de plantar em nós essas santas afeições. Essa transformação é o sinal mais claro de que estamos verdadeiramente vivendo a vida cristã, não apenas na aparência, mas na realidade do nosso coração. Quando nossas afeições são capturadas por Cristo, experimentamos a verdadeira liberdade, pois nossos amores são redirecionados para o único objeto digno de toda a nossa devoção.

Portanto, mesmo que venhamos de um passado repleto de desilusões e amores mal direcionados, há esperança. Penso em Maria aos pés de Jesus, derramando sobre Ele uma adoração extravagante, beijando Seus pés com lágrimas, enquanto secava-os com seus próprios cabelos (Lucas 7:38). Para aqueles que ainda não O viram, essa cena pode parecer incompreensível, sem sentido. Mas, para quem teve um encontro verdadeiro com Cristo, a entrega total e apaixonada de Maria é a única resposta que realmente faz sentido.

Satisfazendo-se no Senhor

> *Salmos 37:3-4 (ARC): "Confia no Senhor e faze o bem; habitarás na terra, e verdadeiramente serás alimentado. Deleita-te também no Senhor, e ele te concederá o que deseja o teu coração."*

Essa é uma das passagens mais belas da Bíblia Sagrada, embora frequentemente mal interpretada em nossos dias. Muitas vezes, nos concentramos apenas na segunda parte do texto, que fala sobre Deus satisfazer nossos desejos. No entanto, o que não podemos ignorar é que, segundo o texto, esses desejos e afetos já estão se deleitando no Senhor. Isso significa que, ao nos deleitarmos nEle, nossos desejos se alinham com os desejos de Deus. E essa é a verdadeira maravilha, pois, sem essa transformação, estaríamos à mercê de um coração corrupto e desesperado.

Tim Keller[12] disse: "Se soubéssemos o que Deus sabe, pediríamos exatamente o que Ele nos dá". Isso revela algo muito interessante: se soubéssemos tudo o que Deus sabe, nossas orações seriam bem diferentes. É provável que, em muitos casos, estaríamos pedindo exatamente por aquilo de que hoje estamos tentando escapar.

Ter nossas afeições transformadas e redirecionadas significa encontrar satisfação no Senhor, deleitando-se nEle com alegria e avidez. Mas, em minha experiência pessoal, percebo ainda uma outra condição interior de que desfruto ao fixar meus afetos no Senhor: encontro um tipo de paz inexplicável. Isso me remete ao que aprendi com John Piper:[13] suas obras têm o poder de arrancar lágrimas dos meus olhos e acender um fogo em meu coração. Mas há uma, em particular, que aborda esse tema de maneira especialmente profunda.

No coração da obra *Em busca de Deus*, de John Piper,

---

12. Timothy Keller (1950-2023) foi um pastor, teólogo e autor americano, amplamente reconhecido por sua abordagem inteligente e acessível do cristianismo. Ele fundou a Igreja Presbiteriana Redeemer em Nova York, que se tornou um modelo de plantação de igrejas em centros urbanos. Keller é autor de vários livros best-sellers, como *O Deus pródigo* e Deus na vida real, que abordam temas como fé, cultura e espiritualidade. Sua capacidade de conectar a fé cristã ao pensamento contemporâneo fez dele uma figura influente tanto dentro quanto fora da comunidade cristã.

13. John Piper é um pastor e teólogo americano, conhecido por popularizar o conceito de "hedonismo cristão", que ensina que "Deus é mais glorificado em nós quando estamos mais satisfeitos nEle". Ele é autor de várias obras influentes, como *Em busca de Deus*, e foi pastor da Igreja Batista Bethlehem por mais de 30 anos. Piper também fundou o ministério Desiring God, que impacta cristãos globalmente.

está a revolucionária ideia do "hedonismo cristão" — a crença de que Deus é mais glorificado em nós quando estamos mais satisfeitos nEle. Piper nos desafia a reconsiderar nossas concepções de prazer e satisfação, apontando para uma verdade bíblica profunda: fomos criados para encontrar nossa maior alegria em Deus, e, ao fazê-lo, cumprimos o propósito para o qual fomos feitos.

O hedonismo cristão, como Piper define, não é uma busca egoísta pelo prazer, mas sim um chamado à verdadeira alegria, que só pode ser encontrada em Deus. Em Salmos 16:11, Davi proclama: "Tu me farás conhecer a vereda da vida, a alegria plena da tua presença, eterno prazer à tua direita". Essa alegria plena e esses prazeres eternos são o que o hedonismo cristão busca — uma satisfação que transcende as alegrias temporais e efêmeras deste mundo, fixando-nos naquilo que é eterno e imutável: a glória de Deus.

Deus nos chama a amá-lo e a viver para Sua glória não por egocentrismo, mas por amor. Ele sabe que nosso maior bem, nosso mais profundo prazer, só pode ser encontrado quando estamos centrados nEle. Como disse o próprio Jesus em João 15:11: "Tenho lhes dito estas palavras para que a minha alegria esteja em vocês e a alegria de vocês seja completa". Aqui, Jesus revela que a plenitude da alegria humana só pode ser alcançada em união com Ele, pois foi para isso que fomos criados.

Quando Deus nos chama a viver para Sua glória, Ele

está nos convidando para a vida mais abundante que poderíamos experimentar. Ele não é egocêntrico ao pedir que O amemos acima de todas as coisas; pelo contrário, está expressando Seu amor por nós, mostrando-nos o caminho para a verdadeira felicidade. O convite de Deus para que busquemos a Sua glória é, na verdade, um convite para que encontremos, em Sua presença, o prazer e a satisfação que o mundo não pode nos dar.

Viver para a glória de Deus é o maior bem que podemos fazer a nós mesmos, porque fomos criados exatamente para isso. Em Deus, encontramos propósito, sentido e o pelos quais que nossas almas anseiam. Piper afirma: “Deus é mais glorificado em nós quando estamos mais satisfeitos nEle”. Isso significa que, quanto mais buscamos nossa satisfação em Deus, mais glorificamos a Ele; e quanto mais glorificamos a Deus, mais encontramos nossa verdadeira satisfação.

Esse ciclo de glorificação e satisfação é o que faz do hedonismo cristão uma verdade tão poderosa. Não há dicotomia entre buscar a glória de Deus e buscar nossa própria felicidade, pois estas são, na verdade, uma única e mesma coisa. Quando buscamos a Deus acima de tudo, encontramos em Sua glória a satisfação que preenche todos os vazios da nossa alma.

Deus nos chama a amá-Lo com todo o nosso coração, nossa alma e nossa força (Deuteronômio 6:5) não para restringir nossa alegria, mas para expandi-la até seu máximo potencial. Quando entendemos que viver para a glória de Deus é o caminho para nossa maior satisfação, percebemos que este chamado divino é o maior presente que poderíamos receber. Ele nos conduz a encontrar em Deus o prazer supremo, que não se compara a nada que o mundo pode oferecer.

Renda-se a Cristo

Cristo, sendo a verdadeira vida que traz prazer e alegria, o amor que ama e a paixão que queima, é a resposta para a insatisfação crônica de nossa alma. Ele deseja penetrar no centro dos nossos amores, no núcleo mais profundo do nosso ser e transformá-los por completo. Quando o Cristo ressurreto abre nossos olhos para conhecê-Lo, nossa mente e nosso coração são poderosamente impactados. Nesse momento, somos chamados a depor nossas armas e lançar nossas coroas aos Seus pés, assim como fizeram os 24 anciãos diante do trono celestial: "os vinte e quatro anciãos se prostram diante daquele que está sentado no trono e adoram o que vive para todo o sempre; e lançam as suas coroas diante do trono, dizendo: Digno és, Senhor e Deus nosso, de receber a glória, a honra e o poder" (Apocalipse 4:10-11).

Apaixonamo-nos por Ele, caímos ao chão, rosto em terra, fascinados pela beleza de Cristo — digno de ser adorado, digno de ser imitado, digno de ser buscado com todo o nosso coração. Ah, Senhor Jesus, como és maravilhoso! Ao encontrá-Lo, nossos amores são transformados, elevados, e nossos olhos não conseguem mais se desviar de Sua glória. "Olhando para Ele, tornamo-nos radiantes" (Salmos 34:5) e "somos transformados de glória em glória na mesma imagem" (2 Coríntios 3:18), pois nossa alma encontra sua verdadeira alegria e satisfação em Cristo.

É com essa nova afeição que seguimos a jornada cristã, amando a Cristo acima de todas as coisas e, com isso, amando todas as outras coisas como um desdobramento desse amor essencial. Encontramos n'Ele o propósito e a plenitude para os quais fomos criados.

Contudo, na prática, mesmo com um novo fundamento (Cristo como verdade) e um novo coração (Cristo como vida), ainda nos deparamos com nossas limitações morais, éticas, e também com os antigos hábitos, e neles esbarramos. Como dizem os mais antigos: não somos flor que se cheire. Esse ser teimoso, que conhecemos tão bem e que não é fácil de lidar — sim, estou falando de você e de mim — necessita de mudanças drásticas. Mas, felizmente, Jesus não é apenas a Verdade e a Vida; Ele também é o Caminho. E se desejamos andar com Ele, precisamos conhecê-Lo dessa forma. Se é isso que você deseja, mergulhe no nosso próximo assunto: Virtudes — o desenvolvimento do caráter de Cristo em nós.

CAPÍTULO 5

Virtudes

Seguindo o Caminho,
o Mestre nos guia,
Pelos vales de humildade,
mansidão e alegria.
No sermão da montanha,
Ele nos ensina,
com palavras de luz,
Que o segredo da vida
é ser como Jesus.

Não busquemos a glória
do homem mortal,
Mas o tesouro escondido,
no céu atemporal.
Pois se nEle estiver
o nosso coração,
O fruto do Espírito
todos em nós verão.

Bem-aventurados os pobres
de espírito, que paz hão de achar,
Pois o Reino dos céus será o seu lar.
Bem-aventurados os mansos,
que da terra herdarão,
O caráter de Cristo em seu coração.
Como a videira verdadeira,
que em João assim se apresentou,
Em Seus ramos devemos

permanecer, onde o fruto brotou.
Amor, paz e alegria,
paciência e bondade,
No Caminho da Vida,
floresce a santidade.
O Caminho é estreito,
mas claro está,
Que seguindo o Mestre,
a Vida se dá.
Em cada passo, em cada oração,
Tornamo-nos mais como Cristo,
nossa eterna inspiração

João 15:1-5 — Eu sou a videira verdadeira, e o meu Pai é o lavrador. Todo ramo que, estando em mim, não der fruto, ele o corta; e todo o que dá fruto ele limpa, para que produza mais fruto ainda. Vocês já estão limpos por causa da palavra que lhes tenho falado. Permaneçam em mim, e eu permanecerei em vocês. Como o ramo não pode produzir fruto de si mesmo se não permanecer na videira, assim vocês não podem dar fruto se não permanecerem em mim. — Eu sou a videira, vocês são os ramos. Quem permanece em mim, e eu, nele, esse dá muito fruto; porque sem mim vocês não podem fazer nada.

Meditando na Teologia do Cenáculo, chegamos ao capítulo 15 de João, onde encontramos tanto um grande privilégio quanto uma enorme responsabilidade. Jesus é claro ao declarar que deseja ver frutos em nossas vidas. A transformação que Ele esperava dos Seus discípulos não era uma mensagem nova para aqueles que O ouviam, pois Suas palavras sempre carregavam o propósito de mudança de vida. Contudo, neste momento, além de reafirmar essa expectativa, Jesus nos revela o Caminho para que isso se torne realidade.

Jonas Madureira, logo no início do seu livro *O custo do discipulado*, nos fornece a seguinte provocação:

> "Siga o mestre. Não como você quer e imagina, mas como ele quer ser seguido. Siga o mestre, que não apenas fala à sua mente, mas também aos seus afetos, que observa cada momento de seu progresso espiritual rumo ao lugar que ele — e somente ele — pode preparar para seus seguidores. Siga o mestre. Mas como ele quer ser seguido?"[14]

Além de transformar nossos fundamentos e amores, Cristo deseja impactar nosso caráter e nossa conduta. Seguir a Jesus é um caminho de transformação, um processo diário de santificação.

14. pag 13, *O custo do discipulado*

À medida que caminhamos com Ele, nosso caráter é moldado, nossas virtudes são desenvolvidas, e o jugo de Cristo se torna leve para um coração redimido.

Essa transformação nos leva a refletir as virtudes que agradam a Deus, conforme descritas no Sermão do Monte — Humildade, Simplicidade, Generosidade e Amor. Essas quatro virtudes, resumidamente, são formadas nós por meio, através de um relacionamento contínuo com Cristo.

A santificação acontece na caminhada diária, enquanto seguimos os passos de Jesus. Apenas aqueles que tiveram seus fundamentos transformados e seus amores moldados podem, verdadeiramente, desenvolver virtudes que agradam a Deus. Essas virtudes são frutos de uma vida em comunhão com Cristo, de um coração totalmente rendido ao Senhor. Somente no processo de seguir a Cristo é que Ele pode tirar e colocar, moldar e transformar, santificar e purificar.

Você se sente amado?

Por muitos anos, tive o privilégio de pastorear jovens e adolescentes, e sempre foi um tempo muito especial, em parte porque minha própria conversão aconteceu aos 16 anos, o que me permitiu me identificar profundamente com essa galera. Por um tempo, eu tentava levá-los a amar Jesus apenas dizendo-lhes isso de diversas maneiras. No entanto, em determinado momento, ao lidar com minhas próprias crises, incoerências, tentações e pecados, percebi que jamais amaremos verdadeiramente o Senhor, e jamais seremos transformados por Ele sem antes receber a revelação do quanto somos amados pelo Amado. Sem essa revelação de amor, que gera uma identidade consistente, jamais seremos como Ele é. É impossível ser discípulo, seguir a Jesus e viver a Sua vida sem estarmos fascinados pelo Senhor, constrangidos por esse amor. (2 Coríntios 5:14: "Pois o amor de Cristo nos constrange, julgando nós isto: um morreu por todos, logo, todos morreram").

Você sabe por revelação que é filho?

Como não lembrar, neste momento, do meu querido sogro, pastor e grande discipulador, Dênio Lara? Ele sempre lembra o povo de Deus, tanto às mesas quanto em púlpitos, de maneira única, o quanto somos amados por Jesus. E isso é a chave para sermos fascinados por Ele, para desejarmos contemplá-Lo e, então, sermos transformados à Sua imagem. Particularmente, não conheço ninguém que se aproxime tanto de Jesus em semelhança como ele, e olha que conheço muitos homens de Deus. Essa disparidade, no entanto, não se deve à falta de qualidade nos outros, mas sim ao quanto esse homem tem sido aperfeiçoado por Cristo na comunhão íntima que ele vive. E, segundo ele, isso é tudo graça; é o resultado de se sentir profundamente amado e, com isso, ter sua identidade firmada como um filho amado do Pai.

Aos 12 anos, Jesus já sabia que era filho, que tinha um Pai. Ele mesmo declarou: “Não sabiam que eu devia estar na casa de meu Pai?” (Lucas 2:49). Essa identidade foi confrontadora até mesmo para seus pais, e, sobretudo, para os doutores da lei que, apesar de anos de estudo e riqueza de conhecimento, eram miseráveis em revelação.

A verdadeira identidade sempre nos sobrevém por revelação.

Se Jesus não nos for revelado como o nosso caminho, jamais seremos santificados em nosso caminhar.

Mas o mais profundo ainda é que Jesus carregou essa identidade ao longo de toda a Sua vida. Desde o batismo, na transfiguração, nos milagres, diante das multidões, nas traições e até na cruz, em Seu último suspiro, Ele clamou: “Pai, nas tuas mãos entrego o meu espírito” (Lucas 23:46). Somente em um momento essa expressão de Sua identidade de Filho não foi encontrada em Seus lábios: no momento da crucificação, onde Ele clamou: “Deus meu, Deus meu, por que me abandonaste?” Nesse "terrível" versículo, estamos diante da substituição na cruz, onde Ele foi abandonado para que fôssemos adotados. Ele levou sobre Si o nosso pecado e nos deu Sua justiça. Ele chamou o Pai de Deus, para que nós pudéssemos chamar Deus de Pai.

Ao escrever isso, sou levado a cair de joelhos, pois, embora minha mente já conheça essa verdade há anos, meu espírito acaba de ter um novo vislumbre de tão grande salvação que me sobreveio.

A alta e leve exigência

> *Mateus 5:3-10: 3 Jesus disse: "Bem-aventurados os pobres em espírito, porque deles é o Reino dos Céus. 4 Bem-aventurados os que choram, porque serão consolados. 5 Bem-aventurados os humildes, porque herdarão a terra. 6 Bem-aventurados os que têm fome e sede de justiça, porque serão fartos. 7 Bem-aventurados os misericordiosos, porque alcançarão misericórdia. 8 Bem-aventurados os limpos de coração, porque verão a Deus. 9 Bem-aventurados os pacificadores, porque serão chamados filhos de Deus. 10 Bem-aventurados os perseguidos por causa da justiça, porque deles é o Reino dos Céus."*

Mateus 5:20-22: 20 Jesus continuou: "Porque eu lhes digo que, se a justiça de vocês não exceder em muito a dos escribas e fariseus, jamais entrarão no Reino dos Céus. 21 Vocês ouviram o que foi dito aos antigos: 'Não mate; e: quem matar estará sujeito a julgamento.' 22 Eu, porém, lhes digo que todo aquele que se irar contra o seu irmão estará sujeito a julgamento; e quem disser ao seu irmão: 'Tolo', estará sujeito ao tribunal; e quem chamar o seu irmão de 'louco' estará sujeito ao inferno de fogo."

No famoso Sermão da Montanha, Jesus proferiu um dos ensinamentos mais maravilhosos e inesquecíveis de todos os tempos. Não sei o que seria do mundo se essas palavras não tivessem sido ditas por Jesus — palavras que ninguém mais poderia ter proferido.

A exigência da religião sem Jesus pode ser baixa em comparação com a do nosso Mestre, mas, na verdade, é um fardo muito pesado. Por outro lado, a exigência de Jesus para Seus seguidores é elevadíssima, especialmente quando comparada aos religiosos de Sua época, mas, ao mesmo tempo, é leve. Isso pode parecer paradoxal, mas é exatamente essa a verdade de que precisamos e iremos compreender a seguir.

Jesus abordou muitos temas nesse sermão. Após ressaltar as virtudes que devem estar presentes na vida de

Seus seguidores, Ele passa a ressignificar diversas passagens do Antigo Testamento, oferecendo a verdadeira e poderosa interpretação do que Deus sempre teve em mente ao chamar homens e mulheres para andarem com Ele. De maneira inesperada para seus ouvintes, Jesus afirma que o padrão de justiça exigido para ser Seu discípulo era muito mais elevado que o dos fariseus e escribas — aqueles que, até então, eram considerados os mais rigorosos e zelosos em observar a lei. No judaísmo, podiam-se questionar muitas coisas sobre esse grupo, mas não o seu zelo pela justiça, que, por ser tão detalhada e minuciosa, acabava excluindo muitas pessoas, pois parecia algo inatingível. Então vem Jesus e diz que Seu padrão é ainda mais alto. Ao proferir esse sermão, Jesus elevou o padrão em todas as áreas abordadas pela lei: homicídio, adultério, divórcio, juramentos, vingança, amor, ofertas, conflitos relacionais, preocupações, cobiça e tantas outras questões.

Entretanto, noutra ocasião, Jesus diz em **Mateus 11:28-30**

> *28 Venham a mim todos vocês que estão cansados e sobrecarregados, e eu lhes darei descanso. 29 Tomem sobre vocês o meu jugo e aprendam de mim, porque sou manso e humilde de coração; e vocês acharão descanso para a sua alma. 30 Porque o meu jugo é suave, e o meu fardo é leve.*

Lendo rapidamente, parece-nos haver alguma contradição, e muito mais nos ouvintes da época, pois, quando um mestre falava sobre seu jugo, estava se referindo ao seu ensino, os termos estabelecidos para ser um talmid.

Na cultura judaica do tempo de Jesus, o termo "jugo" era comumente utilizado para se referir às obrigações religiosas e às interpretações da Lei (Torá) que os rabinos impunham sobre o povo. O jugo da Lei, conforme interpretado pelos fariseus e escribas, era muitas vezes pesado e difícil de carregar, em virtude da extensa lista de regras e regulamentos que deviam ser observados com rigor. Esses líderes religiosos ampliaram e detalharam as leis mosaicas a tal ponto que o cumprimento delas se tornou um fardo pesado para o povo comum, que não conseguia cumprir todas as exigências.

Além disso, "jugo" era uma metáfora comum para submissão e servidão. Assim, o jugo pesado que os fariseus colocavam sobre as pessoas era visto como um conjunto opressor de obrigações que dificultava a aproximação verdadeira de Deus.

Quando Jesus diz "Tomem sobre vocês o meu jugo", Ele está se colocando em contraste direto com o jugo pesado dos líderes religiosos de Seu tempo. Jesus oferece um jugo que é suave, ou seja, que não oprime e não sobrecarrega, mas que traz descanso. O "jugo" de Jesus refere-se a Seu ensino, Sua maneira de vida e a relação íntima que Ele oferece a Seus seguidores. Enquanto o jugo dos fariseus exigia um cumprimento rigoroso da lei para alcançar a justiça, o jugo de Jesus é fundamentado na graça e na misericórdia de Deus.

Por que as exigências religiosas são baixas, mas ainda assim pesadas? Porque elas se baseiam na aparência, motivadas por ambições, comparações e competições humanas, o que acaba sempre excluindo ou escravizando.

O mais alarmante para nós é que isso não se aplicava apenas aos fariseus e escribas da época, mas também se aplica a nós hoje, quando, muitas vezes, reduzimos o evangelho à mera moralidade e o confundimos com ética cristã. Jonas Madureira, em seu livro *O custo do discipulado*, comenta que seguir a Cristo é muito mais do que fazer de Cristo um padrão moral para nós. Ele diz que seguir a Cristo nesta perspectiva, é reduzir o discipulado a uma observação de um código de padrões morais, diz ainda que essa perspectiva se inspira na especulação de um grupo de virtudes de Cristo, as virtudes éticas, isso não é suficiente. É possível seguir os padrões morais de Cristo sem acreditar na existência de Deus. Jonas comenta, que a situação espiritual da Europa, sobretudo no século XIX, é um exemplo deste princípio. Friedrich Nietzsche escreveu crítica à comunidade intelectual alemã, em seu parecer era majoritariamente formada por céticos quanto à existência de Deus, no entanto, possuía profundo respeito pelos padrões morais cristãos. Jonas cita que essa perspectiva de um evangelho social norte-americano, possui muitos equívocos e talvez, esse seja o maior deles, essa ideia foi muito popularizada por um livro que foi lido por milhões de pessoas por lá, "Em seus passos o que faria Jesus?", livro escrito por Charles M. Sheldon, esse livro produziu um viés tipicamente liberal ao defender o que chamada de evangelho social.

Digo eu que é triste é reduzir o santo Evangelho de Jesus a uma simples ética, como se as boas obras que Ele produz fossem suficientes para salvar ou sustentar nossa vida espiritual.

A ética cristã, por mais elevada que seja, não é a base da nossa salvação, mas o resultado natural de uma vida transformada pela graça de Deus.

Jesus alertou os discípulos sobre esse perigo quando disse:

> *João 14:15-16: "Se vocês me amam, guardarão os meus mandamentos. E eu pedirei ao Pai, e ele lhes dará outro Consolador, a fim de que esteja com vocês para sempre."*

Nesse trecho de João 14:15-16, vemos a profunda relação entre amar a Jesus e obedecer aos Seus mandamentos, todavia, o Senhor deixa claro que a verdadeira obediência nasce de um coração que foi conquistado por Seu amor. Guardar os mandamentos não é apenas uma questão de cumprir regras, mas de viver em resposta a esse amor transformador. No entanto, Jesus sabe que não podemos fazer isso por nossas próprias forças, por isso nesse contexto Ele promete enviar o Espírito Santo, o Consolador, para estar conosco para sempre.

O Espírito Santo é o auxílio indispensável que nos capacita a seguir o Caminho de Jesus. Ele nos guia, fortalece e nos mantém firmes na fé. É impossível trilhar esse Caminho sem o apoio constante e íntimo do Espírito Santo de Deus. Essa verdade deve nos levar à humildade, ao reconhecimento de nossa total dependência de Deus, e nos impulsionar a cair de joelhos aos pés do Senhor, clamando por graça para seguirmos a jornada em fidelidade e obediência. Somente assim, cheios do Espírito, podemos viver o Evangelho em sua plenitude, não como uma mera ética, mas como uma expressão viva do amor de Deus em nós.

Cativados para cativar

As virtudes de Jesus em nós serão como o bom perfume de Cristo, exalando através das nossas vidas o aroma que o mundo anseia inalar. Fomos atraídos por um modelo perfeito que é Cristo e, por meio dEle, somos chamados a ser uma influência cativante para os outros. Se escolhemos ser discípulos de Jesus, é porque algo infinitamente mais encantador do que qualquer reflexo no espelho capturou nossa alma. O discipulado começa com a fascinação por Cristo e se transforma na imitação constante de Sua vida, até que sejamos admirados por outros, não pelo que somos, mas por Aquele a quem imitamos.

Apesar de as crises morais e teológicas afligirem a mente e o coração dos seguidores de Cristo, existem entre nós aqueles que possam dizer, como Paulo disse aos seus: "Sede meus imitadores, como também eu sou de Cristo!"

As virtudes morais e espirituais, que caracterizam um discípulo de Jesus, são cultivadas e aprimoradas pelo próprio Cristo em nós. Humildade, simplicidade, generosidade e amor são as qualidades que resumem e sustentam todas as outras virtudes, e que Ele deseja semear e fazer florescer em nossos corações.

Certa vez, ouvindo nosso querido teólogo e pastor de ensino da nossa igreja local, Jansen, aprendi algo que nunca mais esqueci: "Não importa qual seja a pergunta das pessoas, Jesus é a resposta". E é exatamente isto: Jesus é quem os homens estão procurando. A verdade é que Cristo decidiu se revelar por meio dos Seus seguidores e, para isso, precisamos estar revestidos de Cristo, refletindo Seu caráter através das virtudes divinas que podem ser encontradas em nós. São os atributos comunicáveis de Deus a nós, de modo que podemos expressá-Lo ao mundo.

Acredito que o caráter de Jesus pode ser conhecido por Suas virtudes. Os textos bíblicos, que melhor reúnem e resumem Seu modo de viver são o Sermão do Monte (Mateus 5:1–7:29) e o Fruto do Espírito (Gálatas 5:22-23).

Como mencionei anteriormente, vou destacar humildade, simplicidade, generosidade e amor, pois acredito que todas as outras virtudes podem ser encaixadas dentro dessas, mesmo que se manifestem de maneiras diferentes, como tronco e galhos que são nutridos pela mesma raiz.

Humildade

> *"Revistam-se todos de humildade no trato de uns com os outros, porque Deus resiste aos soberbos, mas dá graça aos humildes." (1 Pedro 5:5)*

A humildade é uma das virtudes mais sublimes e fundamentais no caráter de Cristo. Andrew Murray,[15] em

15. Andrew Murray (1828-1917) foi um pastor, teólogo e escritor sul-africano de origem escocesa, conhecido por sua profunda espiritualidade e por seus escritos sobre vida cristã e santidade. Murray serviu como pastor reformado e evangelista em várias partes da África do Sul, desempenhando um papel crucial no avivamento espiritual da região.

seu livro *Humildade: A B\beleza da santidade*, em um dos livros que mais me moldou nos últimos anos, leva-nos a uma compreensão profunda dessa virtude, mostrando que a verdadeira humildade não é uma simples disposição ou uma forma de autorrebaixamento, mas sim a essência da vida cristã.

Para Murray, a humildade é o solo fértil onde todas as outras virtudes crescem, pois ela reflete o próprio coração de Cristo, que "não considerou que o ser igual a Deus era algo a que devia se apegar, mas esvaziou-se a si mesmo, vindo a ser servo" (Filipenses 2:6-7).

Ela a considera a raiz de todas as outras virtudes e afirma que, assim como uma árvore não pode se desenvolver sem suas raízes, as demais virtudes precisam do solo fértil da humildade para florescerem em nossas vidas.

A humildade não é algo que devemos conquistar, mas uma condição do coração que surge quando nos rendemos completamente a Deus. É a renúncia ao orgulho, ao egoísmo e à autossuficiência, para viver em total dependência de Deus. Essa virtude, então, se torna a beleza que adorna a santidade, pois nada reflete mais a luz de Cristo do que um espírito humilde e contrito. É impressionante o quanto as pessoas se encantam e valorizam a sabedoria, mas tenho aprendido que a parte mais bela da sabedoria não está na eloquência ou em algo que se ostente. A humildade é a joia mais preciosa da sabedoria, tornando seu possuidor não apenas sábio, mas também nobre.

C.S. Lewis,[16] em *Cristianismo puro e simples*, também reforça essa visão ao descrever a humildade como a marca inconfundível do verdadeiro cristão. Ele argumenta que o orgulho é o grande pecado, a raiz de todos os males, e que a humildade é o antídoto contra ele. Lewis destaca que a humildade não é pensar menos de si mesmo, mas pensar menos em si mesmo. É o deslocamento do eu do centro do nosso universo, permitindo que Deus ocupe o lugar de honra.

Lewis também observa que o homem verdadeiramente humilde não está obcecado com sua própria humildade; ele simplesmente esquece de si mesmo em sua devoção a Deus e ao próximo. Esse esquecimento de si mesmo é a libertação do fardo do orgulho, permitindo que a pessoa viva de maneira mais plena e autêntica, em comunhão com Deus e com os outros.

Nos dias de hoje, o orgulho e a arrogância estão enraizados profundamente na cultura e na sociedade. O mundo nos empurra a buscar reconhecimento, a nos

16. C.S. Lewis (1898-1963) foi um escritor, teólogo e professor britânico, conhecido por suas obras de ficção, como *As crônicas de nárnia*, e seus escritos cristãos, como *Cristianismo puro e simples*. Convertido ao cristianismo na idade adulta, Lewis tornou-se um dos mais influentes apologistas cristãos do século XX.

exaltarmos e a nos colocarmos acima dos outros, mas essa busca incessante pelo "eu" tem consequências devastadoras. O orgulho isola, destrói relacionamentos e nos afasta de Deus. A arrogância cria barreiras, promove o egoísmo e nos cega para a verdadeira necessidade da alma — a comunhão com Deus.

A humildade, por outro lado, nos liberta dessas amarras. Ela nos coloca em nosso devido lugar diante de Deus, permitindo-nos experimentar a verdadeira paz e a alegria que vêm de um coração rendido. Em um mundo que exalta o orgulho, a humildade é o caminho para a verdadeira grandeza, pois "aquele que se humilha será exaltado" (Lucas 14:11). Somente ao seguir o exemplo de Cristo, em Sua humildade, podemos verdadeiramente nos tornar como Ele e experimentar a plenitude da vida que Ele nos oferece.

> *"Portanto, aquele que se humilhar como esta criança, esse é o maior no Reino dos Céus." (Mateus 18:4)*

Jesus nos ensina que a verdadeira grandeza no Reino dos Céus não é medida pelo poder ou pela posição, mas pela humildade. Ao nos humilharmos como uma criança, reconhecemos nossa total dependência de Deus e nossa necessidade de Sua graça. É essa humildade que nos eleva aos olhos de Deus, fazendo-nos grandes em Seu

Reino. Somente quando nos esvaziamos de nós mesmos e nos revestimos da humildade de Cristo é que, podemos viver a plenitude da vida que Ele nos oferece, refletindo a beleza de Sua santidade em nosso cotidiano.

Simplicidade

> *"Melhor é o pouco com o temor do Senhor, do que grande tesouro com inquietação." (Provérbios 15:16)*

A simplicidade é uma virtude muitas vezes negligenciada, mas essencial na vida do discípulo de Cristo. Richard Foster,[17] em seu livro *Celebração da disciplina*, define a simplicidade como a liberdade interior que permite a vida exterior refletir uma prioridade singular: o Reino de Deus. Foster argumenta que a simplicidade não é apenas a ausência de posses materiais ou a rejeição do luxo, mas uma disposição do coração que busca a Deus acima de todas as coisas. Essa virtude nos liberta do apego ao materialismo e à constante busca por status, permitindo que nossas vidas sejam ordenadas em torno do que realmente importa.

John Stott, em O *discípulo radical*, reforça essa vi-

17. Richard Foster é um renomado escritor e teólogo cristão contemporâneo, conhecido por sua ênfase na vida espiritual e nas disciplinas espirituais. Autor do clássico *Celebração da disciplina*, Foster tem inspirado gerações a buscar uma vida cristã mais profunda e autêntica através da prática de disciplinas como a oração, a simplicidade e a meditação.

são ao afirmar que a simplicidade é a antítese do consumismo desenfreado que caracteriza nossa sociedade moderna. Ele descreve a simplicidade como uma expressão de confiança em Deus, uma rejeição da ansiedade sobre o futuro e uma vida vivida em contentamento com o que o Senhor nos provê. Para Stott, a simplicidade é uma forma de protesto contra a futilidade de uma vida dedicada à acumulação de riquezas e ao culto da aparência.

Vivemos em uma geração obcecada por ostentação, luxo e competição. As redes sociais amplificam essa obsessão, incentivando uma cultura de comparação constante na qual o valor de uma pessoa é muitas vezes medido pela aparência exterior e pelos bens materiais que ela possui. Essa cultura gera uma vida fútil, vazia de significado e profundamente insatisfatória. Em vez de viver em paz, muitas pessoas vivem em uma corrida sem fim por mais — mais dinheiro, mais bens, mais reconhecimento.

No entanto, a simplicidade, como ensinada por Jesus e ecoada por autores renomados como Foster e Stott, é a chave para a libertação desse ciclo vicioso. Jesus nos chamou a uma vida de desapego, afirmando: "Não acumulem para vocês tesouros na terra, onde a traça e a ferrugem corroem, e onde os ladrões arrombam e furtam. Mas acumulem para vocês tesouros no céu" (Mateus 6:19-20).

A simplicidade nos permite viver de forma leve, sem o peso das posses, sem a ansiedade do amanhã e sem a necessidade de impressionar os outros. É um chamado a viver de forma autêntica, centrada no que realmente tem valor eterno.

Quero desafiar-nos a rever nossa relação com o materialismo, buscando a liberdade que vem de uma vida simples e focada em Deus. Quero também, nos lembrar que a simplicidade é um testemunho poderoso em um mundo que perdeu o rumo. Ao escolher a simplicidade, afirmamos que nossa confiança está em Deus e que nossa satisfação vem de uma fonte que não pode ser abalada pelas circunstâncias ou pelos bens materiais.

> *"Tenham cuidado! A vida de um homem não consiste na quantidade dos seus bens."* (Lucas 12:15)

Em um mundo dominado pelo luxo e pela aparência, a simplicidade é a grande libertação. Ela nos convida a uma vida de profundidade, em que o foco está no que realmente importa: Deus, Seu Reino e as pessoas. A simplicidade nos chama a confiar em Deus para nossas necessidades, a valorizar o que é eterno e a viver de uma maneira que reflete o caráter de Cristo, que "não tinha onde repousar a cabeça" (Mateus 8:20), mas vivia em perfeita paz e contentamento.

Generosidade

> *Deem, e será dado a vocês: uma boa medida, calcada, sacudida e transbordante será dada a vocês. Pois a medida que usarem, também será usada para medir vocês." (Lucas 6:38).*

A generosidade é uma das virtudes mais esplêndidas e divinas que podemos cultivar, pois reflete o próprio coração de Deus. Desde a criação do mundo, Deus demonstrou Sua grandiosa generosidade ao nos dar a vida e tudo de que precisamos para viver. Mas essa generosidade atinge seu ápice na doação de Seu Filho, Jesus Cristo, para a redenção da humanidade. Como está escrito em João 3:16: "Porque Deus amou o mundo de tal maneira que deu o seu Filho unigênito, para que todo o que nele crê não pereça, mas tenha a vida eterna". Aqui vemos que o amor de Deus é inseparável de Sua generosidade. Ele não apenas nos dá coisas boas, mas nos dá a Si mesmo, em Cristo.

Tim Keller, em seu livro *Justiça generosa,* enfatiza que a verdadeira generosidade vai além de dar bens materiais; ela envolve uma justiça que se manifesta em compartilhar o que temos com aqueles que necessitam, refletindo a natureza de um Deus justo e generoso. Keller argumenta que a generosidade cristã não é opcional, mas central à nossa fé. Ele escreve: "A falta de generosidade recai sobre um coração que não compreendeu o Evangelho em sua plenitude". Para Keller, a generosidade é um sinal claro de que entendemos e experimentamos a graça abundante de Deus.

Dallas Willard[18], em *Gentileza que cativa,* também aborda a generosidade, mas a conecta à bondade de Jesus. Ele nos lembra de que Jesus não apenas deu de Si mesmo, mas deu com um coração cheio de gentileza e compaixão. Willard observa que a generosidade de Jesus não era limitada a momentos de necessidade, mas era uma característica constante de Seu ministério. Jesus era generoso em Seu tempo, em Seu cuidado, em Seu perdão, e até mesmo em Suas repreensões, sempre visando ao bem maior daqueles que O seguiam.

Jesus é o modelo supremo de generosidade. Ele, que possuía todas as coisas, "se fez pobre por amor de vocês, para que, pela sua pobreza, vocês se tornassem ricos" (2Coríntios 8:9). Sua generosidade é revelada não apenas em Suas palavras, mas em cada ação, desde o lavar os pés dos discípulos até a entrega de Sua vida na cruz. Em tudo, Jesus nos mostra que a generosidade é

18. Dallas Willard (1935-2013) foi um filósofo, escritor e teólogo cristão americano, conhecido por sua ênfase na formação espiritual e no discipulado. Professor de Filosofia na Universidade do Sul da Califórnia, Willard também foi autor de obras influentes como *A conspiração divina* e *O espírito das disciplinas*, onde explorou a vida cristã prática e a transformação interior.

um reflexo do amor de Deus e uma expressão da verdadeira vida em Cristo.

No entanto, vivemos em uma geração que, muitas vezes, retém seus recursos por falta de confiança em Deus e falta de amor ao próximo. O acúmulo de bens, a busca incessante por segurança financeira e a avareza têm afastado muitos do verdadeiro discipulado. O materialismo tem cegado os corações, fazendo-os acreditar que a vida consiste na abundância de posses, quando, na verdade, ela se encontra em dar e compartilhar. Sem sermos generosos, jamais poderemos ser verdadeiros discípulos de um Deus que deu tudo por nós.

A generosidade não é apenas uma opção para o cristão; é uma marca essencial da vida daqueles que seguem a Cristo. Se não somos generosos, não estamos refletindo o coração de Deus e, portanto, não estamos vivendo plenamente como Seus discípulos. A generosidade é o antídoto contra a ganância e o egoísmo que dominam nossa cultura, e é o caminho para uma vida de liberdade e plenitude em Deus.

“Cada um contribua segundo tiver proposto no coração, não com tristeza ou por necessidade, porque Deus ama quem dá com alegria” (2Coríntios 9:7).

A generosidade é um reflexo da graça de Deus em nossas vidas. Quando damos com alegria, estamos expressando a confiança de que Deus é nossa fonte inesgotável e que, ao compartilhar com os outros, estamos participando da obra de Deus no mundo.

Que possamos, assim, viver uma vida marcada pela generosidade, imitando a bondade infinita de nosso Senhor e Salvador, Jesus Cristo. Quanta leveza, beleza e compromisso existe em ser generoso. Esse é o tipo de vida do Reino de Deus.

Amor

> *"Ainda que eu falasse as línguas dos homens e dos anjos, se não tiver amor, serei como o bronze que soa ou como o címbalo que retine"*
> *(1 Coríntios 13:1).*

Esse versículo de 1Coríntios 13 nos apresenta a realidade inescapável de que, sem amor, todas as nossas ações, por mais impressionantes que possam parecer, são vazias e sem valor. Paulo nos desafia a entender que o amor é o fundamento sobre o qual todas as outras virtudes e dons espirituais devem ser edificados. Sem amor, nossas palavras, por mais eloquentes que sejam, são como um som oco, sem substância ou impacto verdadeiro. O amor é o que dá significado, profundidade e autenticidade às nossas vidas. É o que transforma nossos atos de serviço em ofertas aceitáveis a Deus e nosso relacionamento com os outros em um reflexo genuíno do caráter de Cristo.

O amor é a virtude central e suprema que define a vida cristã. John Stott, em O *discípulo: um chamado para ser como Cristo*, argumenta que o amor é o coração do discipulado e a essência de ser um seguidor de Cristo. O amor não é apenas um mandamento entre outros, mas o mandamento que unifica e dá sentido a todos os outros.

Quero destacar que, sem amor, todas as outras virtudes perdem seu valor e significado. O amor é o que nos impulsiona a seguir a Cristo, a imitá-Lo e a refletir Seu caráter ao mundo. O amor cristão é sacrificial e ativo, expressando-se em serviço, cuidado e disposição para colocar os outros antes de si mesmo, assim como Cristo fez.

Dietrich Bonhoeffer,[19] em seu clássico *Discipulado*, ecoa essa verdade de forma ainda mais incisiva. Para

19. Dietrich Bonhoeffer (1906-1945) foi um pastor luterano, teólogo e ativista alemão, conhecido por sua resistência ao nazismo e por sua profunda teologia cristã. Autor de obras influentes como *Discipulado* e *Ética*, Bonhoeffer defendeu a importância do seguimento radical de Cristo mesmo em face da perseguição. Preso e executado por sua participação em um complô contra Hitler, seu legado continua a inspirar cristãos em todo o mundo a viverem uma fé corajosa e autêntica.

Bonhoeffer, o amor é o chamado radical do discipulado, que exige a renúncia de si mesmo e a total entrega ao outro. Ele ensina que o verdadeiro amor cristão é caracterizado por um comprometimento profundo com o bem-estar do próximo, mesmo à custa de sofrimento pessoal. Bonhoeffer nos desafia a amar como Cristo amou — de maneira incondicional e abnegada. Ele escreve que o amor cristão é, em sua essência, um amor que se doa, que serve, que se sacrifica pelo outro, seguindo o exemplo supremo de Cristo na cruz.

Bonhoeffer também alerta para o perigo do amor que se esfria, uma realidade que Jesus profetizou para os últimos dias: "E, por se multiplicar a iniquidade, o amor de muitos esfriará" (Mateus 24:12). Em uma época de egoísmo e autocentrismo, o amor verdadeiro se torna cada vez mais raro. Paulo também profetizou que nos últimos dias os homens seriam "amantes de si mesmos" (2 Timóteo 3:2), uma condição que leva ao enfraquecimento do amor ao próximo e ao distanciamento de Deus.

Vivemos em uma época em que essas palavras parecem se cumprir diante de nossos olhos.

O amor que deveria nos unir está sendo substituído por uma obsessão por si mesmo, um narcisismo que alimenta a intolerância, a indiferença e a falta de empatia.

As redes sociais, que poderiam ser uma plataforma para espalhar amor e compreensão, muitas vezes se tornam arenas de agressividade, onde opiniões se transformam em ataques e as diferenças são vistas como ameaças.

A polarização política e social que presenciamos em todo o mundo é um reflexo dessa erosão do amor. Em vez de buscar o entendimento e a reconciliação, muitos preferem a divisão e o conflito. A falta de tolerância com os diferentes, a agressividade nas palavras e a incapacidade de ouvir o outro são sintomas de uma sociedade que perdeu o sentido do amor verdadeiro. No entanto, é exatamente nesse contexto que o amor cristão se torna ainda mais urgente e necessário.

Jesus nos chamou para ser pacificadores (Mateus 5:9), e isso só é possível se estivermos profundamente enraizados no amor. Amar não é apenas uma virtude entre muitas; é a virtude que dá sentido e sustento a todas as outras. Como Paulo escreveu em 1Coríntios 13:13, "Agora, pois, permanecem a fé, a esperança e o amor, estes três; mas o maior destes é o amor". O amor resume tudo. É o mandamento que Cristo nos deu, o novo mandamento que deve nos distinguir como Seus discípulos: "Como eu vos amei, que também vos ameis uns aos outros" (João 13:34).

O amor é a resposta para a intolerância, para a falta de empatia e para a agressividade que vemos ao nosso redor. Ele nos chama a agir com compaixão, a estender a mão ao que sofre, a ouvir o que pensa diferente de nós e a buscar a paz em vez do conflito. Em um mundo dividido, o amor cristão deve ser a força que nos une, que constrói pontes onde há muros, que cura feridas em vez de infligir dor.

> *"Acima de tudo, porém, revistam-se do amor, que é o vínculo da perfeição." (Colossenses 3:14)*

O amor é o vínculo da perfeição, porque é através dele que nos tornamos completos em Cristo. Sem amor, nossa fé é incompleta, nossa esperança é frágil e nossa vida espiritual é estéril. Mas, com amor, tornamo reflexos vivos de Cristo, pacificadores em um mundo de conflitos, portadores da luz em meio às trevas. Que possamos, assim, ser conhecidos pelo amor que recebemos de Deus e que transborda de nós para os outros, cumprindo a vontade de Cristo de sermos Seus discípulos em um mundo que tanto precisa Dele.

À medida que caminhamos com Jesus, como Verdade, Ele transforma nosso fundamento; como Vida, Ele redime nosso coração, moldando nossas afeições; e como Caminho, Ele desenvolve em nós as virtudes que refletem Seu caráter. Esse processo de transformação, gerado pela intimidade com Cristo, nos conduz a um novo ser, plenamente conformado à Sua imagem. Agora, à medida que avançamos, é natural que essas virtudes produzam frutos visíveis em nossas vidas. Essas são as Marcas de Cristo, sinais inconfundíveis de que pertencemos a Ele e que Sua presença moldou e continua a moldar cada aspecto do nosso ser. No próximo capítulo, exploraremos essas marcas que todo verdadeiro discípulo de Jesus deve carregar.

CAPÍTULO 6
Marcas

Trazemos em nós as marcas de Cristo,
Sinais gravados na alma e no viver,
Impressos pelo amor, pelo sacrifício,
Visíveis a todos, sem nada a esconder.

Não há vergonha em carregar Suas marcas,
São elas que nos definem, nos fazem Seus.
Em cada cicatriz, um testemunho,
De um coração rendido ao Filho de Deus.

Que nossa vida seja um reflexo puro,
Da cruz que carregamos com amor.
Marcas que apontam para o Caminho,
E revelam ao mundo o nosso Salvador.

Gálatas 6:17 "Quanto ao mais, ninguém me moleste, porque eu trago no corpo as marcas de Jesus."

2 Coríntios 4:10-11 "Levando sempre no corpo o morrer de Jesus, para que também a vida de Jesus se manifeste em nosso corpo. Porque nós, que vivemos, somos sempre entregues à morte por causa de Jesus, para que também a vida de Jesus se manifeste em nossa carne mortal."

Chegamos ao ponto culminante de toda a jornada espiritual: depois de termos nossos fundamentos transformados, nossas afeições redimidas e nossas virtudes moldadas à semelhança de Cristo, o resultado final é uma vida marcada pelo próprio Cristo. Não era segredo para ninguém que o verdadeiro discípulo deveria carregar marcas em sua vida, marcas que comprovassem seu andar com Jesus. E longe de serem motivos de vergonha, essas marcas eram, na verdade, o maior privilégio que alguém poderia ostentar.

Quais são as marcas que carregamos em nossas vidas? Enquanto escrevo este capítulo, recebo a triste notícia do falecimento de Silvio Santos. Aos 93 anos, um verdadeiro gigante nos deixou, um homem que, para milhões de brasileiros, parecia fazer parte da família. Sucesso, fama, riquezas, histórias e um legado inquestionável — Silvio Santos é, sem dúvida, o maior nome da história da televisão brasileira. Em dias como este, quando figuras de tal magnitude nos deixam, não faltam reportagens, depoimentos, postagens nas redes sociais e muitas conversas sobre as marcas que ele deixou, marcas que compõem o seu legado. Este é o poder de uma vida: as marcas que se carregam e transformam no legado que se deixa.

As marcas de um homem como Silvio Santos têm seu valor — resiliência, superação, carisma, coragem, autenticidade, inovação e tantas outras qualidades. Mas e as marcas que Jesus quer deixar em Seus discípulos? É impossível ter estado verdadeiramente com Jesus e não carregar em si uma profunda transformação, uma mudança tão impactante que deixa cravadas em nós as verdadeiras marcas de Cristo.

Vamos conversar um pouco sobre algumas marcas inerentes à vida de um discípulo de Jesus, sem as quais não podemos dizer que realmente estivemos com Cristo.

> *"Quando viram a intrepidez de Pedro e João, sabendo que eram homens iletrados e incultos, admiraram-se; e reconheceram que eles haviam estado com Jesus" (Atos 4:13).*

As obras

O discípulo de Jesus não foi salvo pelas obras, mas para as obras, como nos ensina Efésios 2:10: "Pois somos criação de Deus, realizada em Cristo Jesus para fazermos boas obras, as quais Deus preparou antes para nós as praticarmos". Ser apenas um discípulo não é pouca coisa; é um chamado sublime e elevado. Como John Stott afirma em seu livro *Por que sou Cristão*, os profetas viveram em um tempo de antecipação, vislumbrando e proclamando o que um dia haveria de vir. Mas nós, os discípulos de Cristo, vivemos em um tempo de realização. Não mais olhamos para o futuro com expectativa, mas caminhamos com Cristo no presente, experimentando a plenitude de Suas promessas. Aos profetas, as promessas sempre apontavam para um futuro distante; mas a nós, os discípulos, foi dado o privilégio de pedir o que quisermos, de realizar obras maiores e de ver a glória do Senhor manifesta em nossas vidas.

As marcas do discípulo são vistas nas suas obras, não como uma tentativa de alcançar a salvação, mas como uma evidência da salvação que já foi concedida. O verdadeiro discípulo não se contenta em apenas crer; ele anseia por agir, por refletir a obra de Cristo em tudo o que faz. As boas obras não são um fardo, mas uma expressão natural do amor e da graça que receberam. Essas obras são as marcas visíveis de um coração transformado, de uma vida que foi tocada e renovada por Jesus. Elas apontam para o poder de Deus operando em nós, tornando-nos instrumentos de Sua vontade no mundo.

Quando Jesus afirmou ser o Caminho, a Verdade e a Vida, Ele imediatamente chamou a atenção dos discípulos para as obras que realizava, sugerindo que, se não pudessem perceber quem Ele era por Sua pessoa, ao menos que O reconhecessem pelas Suas obras. As obras têm esse poder revelador, assim como o fruto revela a natureza da semente que foi plantada.

Quais são as obras que o Senhor preparou para que

você caminhe nelas? O que suas mãos têm produzido nos jardins por onde você passa? Quais tijolos você tem acrescentado nas construções inacabadas em que se envolve? Como você reage diante das injustiças? Sua voz se faz ouvir em resposta ao clamor dos necessitados?

Embora seja impossível esgotar o tema das obras neste livro, quero provocar essa reflexão. São as obras em nossa vida que atestam a veracidade da nossa fé.

"Porque, assim como o corpo sem espírito é morto, assim também a fé sem obras é morta." **Tiago 2:26**

Assim como um corpo sem o espírito está sem vida, uma fé que não produz ações concretas é vazia e inútil. Tiago não está sugerindo que somos salvos pelas obras, mas que a verdadeira fé, quando genuína, naturalmente se manifesta em atos de amor, compaixão e justiça. As obras são o fruto visível de uma fé autêntica e viva, um reflexo do caráter de Cristo operando através de nós. Uma fé que não se traduz em obras práticas é uma fé incompleta, incapaz de testemunhar a transformação que Deus deseja operar em nossas vidas.

O arrependimento

O arrependimento é outra marca inconfundível na vida do discípulo de Cristo. É a mudança de mente, o retorno à origem, o reconhecimento de que precisamos constantemente voltar ao Senhor. Em uma breve exposição sobre o Salmo 51, nos lembraremos do arrependimento profundo do rei Davi, que, em seu quebrantamento, clamou a Deus por misericórdia e purificação.

> *Compadece-te de mim, ó Deus, segundo a tua benignidade; e, segundo a multidão das tuas misericórdias, apaga as minhas transgressões. Lava-me completamente da minha iniquidade e purifica-me do meu pecado. Pois eu conheço as minhas transgressões, e o meu pecado está sempre diante de mim. Pequei contra ti, contra ti somente, e fiz o que é mal aos teus olhos, de maneira que serás tido por justo no teu falar e puro no teu julgar. Eu nasci na iniquidade, e em pecado me concebeu a minha mãe. Eis que te agradas da verdade no íntimo e no oculto me fazes conhecer a sabedoria. Purifica-me com hissopo, e ficarei limpo; lava-me, e ficarei mais branco do que a neve. Faze-me ouvir júbilo e alegria, para que exultem os ossos que esmagaste. Esconde o rosto dos meus pecados e apaga todas as minhas iniquidades. Cria em mim, ó Deus, um coração puro e renova dentro de mim um espírito inabalável. Não me lances fora da tua presença e não retires de mim o teu Santo Espírito. Restitui-me a alegria da tua salvação e sustenta-me com um espírito voluntário. Então ensinarei aos transgressores os teus caminhos, e os peca-*

dores se converterão a ti. Livra-me dos crimes de sangue, ó Deus, Deus da minha salvação, e a minha língua louvará com júbilo a tua justiça. Abre, Senhor, os meus lábios, e a minha boca proclamará o teu louvor. Pois não te comprazes em sacrifícios; do contrário, eu os ofereceria; e não te agradas de holocaustos. Sacrifícios agradáveis a Deus são o espírito quebrantado; coração compungido e contrito, não o desprezarás, ó Deus. Faze bem a Sião, segundo a tua boa vontade; edifica os muros de Jerusalém. Então te agradarás dos sacrifícios de justiça, dos holocaustos e das ofertas queimadas; e sobre o teu altar se oferecerão novilhos (Salmos 51).

Em minha humilde opinião, o Salmo 51 é um dos capítulos mais significativos de toda a Bíblia Sagrada. Esse salmo é verdadeiramente um presente de Deus, especialmente para pessoas como eu, que inúmeras vezes se encontraram aos pés de Cristo, profundamente humilhadas diante de suas próprias fraquezas e pecados.

Aqui, Davi chamou pecado de pecado, iniquidade e transgressão; ele se humilhou. Nesse salmo, ele demonstra ter acordado do seu estado amortecido que o pecado o havia deixado. Ele teve uma visão renovada do pecado, de Deus, do ego e do seu chamado. Ele foi visitado por Deus para ser devolvido a uma vida santa, e se permitiu ao confronto audacioso, contundente e sincero do profeta, mesmo sendo um rei com poder de mandar o profeta para prisão. Deus trabalhou no rei, então o rei pôde continuar trabalhando para Deus. Arrependimento é o bom trabalho do Espírito Santo em nós.

Davi, o rei ungido por Deus, conhecido por sua coragem e integridade, caiu em grande pecado. Em uma tarde ociosa, enquanto seus homens estavam na batalha, Davi avistou Bate-Seba, a esposa de Urias, e, consumido pelo desejo, cometeu adultério. Quando Bate-Seba informou a Davi que estava grávida, o rei foi tomado pelo desespero. Para esconder seu pecado, Davi convocou Urias, um de seus guerreiros mais leais, de volta da frente de batalha.

Davi tentou enganar Urias, oferecendo-lhe descanso em casa ao lado de sua esposa, na esperança de que ele dormisse com ela e, assim, encobrisse a gravidez. Mas Urias, mesmo estando em sua casa, recusou-se a deitar-se com Bate-Seba. Ele disse a Davi: *"A arca, Israel e Judá permanecem em tendas; meu senhor, Joabe e os servos de meu senhor estão acampados ao ar livre. Deveria eu, então, entrar na minha casa para comer, beber e deitar-me com minha mulher? Tão certo como tu vives, não farei tal coisa!" (2 Samuel 11:11).*

Frustrado, Davi tentou embriagar Urias, esperando

que, bêbado, ele perderia sua determinação e retornaria para casa. Mas, mesmo embriagado, Urias manteve sua integridade e permaneceu junto aos servos do rei, recusando-se a desfrutar dos prazeres que seus companheiros de batalha não podiam. Urias, bêbado, foi mais fiel a Deus do que Davi, seu rei, estava sendo sóbrio.

O desejo pecaminoso de Davi havia cegado sua alma, levando-o a trair a confiança de um homem honrado e a violar os mandamentos de Deus. O pecado distorceu sua visão e corroeu seu caráter, transformando o "homem segundo o coração de Deus" em alguém disposto a sacrificar um inocente para esconder sua transgressão. Na tentativa de encobrir seu erro, Davi não apenas falhou, mas se afundou ainda mais na escuridão, orquestrando a morte de Urias ao enviá-lo para a linha de frente da batalha, onde certamente morreria.

Mas Deus, que vê todas as coisas, enviou o profeta Natã para confrontar Davi, revelando-lhe a profundidade de sua iniquidade e anunciando o juízo que viria como consequência. Davi, finalmente quebrantado, confessou seu pecado e clamou por misericórdia, reconhecendo a gravidade de seu erro. Essa história é que provocou a existência de tão avassalador salmo de arrependimento, e é um poderoso lembrete quão enganoso é o pecado. Mesmo os mais piedosos podem cair, quando se afastam de Deus e permitem que o desejo pecaminoso domine suas ações.

Arrependimento não é algo simples ou trivial. Todos nós enfrentamos dificuldades nessa lição na escola de Jesus, no Seu discipulado. Temos uma tendência natural de fugir de qualquer processo doloroso, e o arrependimento é, sem dúvida, um deles. Não é por acaso que temos uma inclinação crônica de suavizar nossos pecados, tentando torná-los menos feios do que realmente são. Somos especialistas em aliviar nossas consciências antes que o arrependimento chegue como uma avalanche que preferimos evitar. Quer alguns exemplos? Quando alguém é avarento, chamamos de "mão de vaca" ou "pão duro", ressaltando a avareza egoísta da pessoa que condenamos. Todavia, quando somos nós que não queremos gastar, consideramo-nos apenas econômicos e prudentes. Quando vemos um homem sendo desrespeitado pela esposa ou pelos filhos, rotulamo-nos de "pamonha" ou "banana", criticando sua falta de liderança. Mas, quando se trata de nossa própria família falando de forma ousada conosco, nos vemos como pacientes e mansos. Quando alguém se mostra um doador generoso, sempre se antecipando para pagar a conta, tendemos a suspeitar que essa pessoa seja desorganizada em suas finanças, tentando agradar esposa, filhos e amigos "soltando a verba". Mas, se alguém nos questiona por termos uma atitude semelhante, justificamos dizendo que somos apenas generosos. Os outros são mesquinhos (pão duros), passivos (pamonhas) e desorganizados (mãos abertas), mas e nós?

Não, nós somos apenas prudentes, pacientes e generosos. Eu entendo que é difícil encarar o arrependimento; é muito mais fácil nos enganarmos e chamarmos nossos mais podres pecados de maus hábitos e comportamentos disfuncionais, e viver apenas com a ajuda de terapias. Mas jamais seremos discípulos sem a marca do arrependimento. É sempre mais fácil enxergar o pecado do outro do que o nosso, porque o nosso dói em nós; ele toca a parte mais inflamada do nosso ser: o ego.

O profeta Isaías teve uma visão da majestade, glória, santidade, beleza e poder de Deus em Seu trono (Isaías 6:1-8). Imediatamente, ao contemplar Deus, ele se viu a si mesmo. E ao se ver, clamou: "Ai de mim! Estou perdido!" Antes de se desintegrar diante da brilhante luz da santidade de Deus que lhe estava sendo revelada, um serafim trouxe, utilizando um tenaz, a brasa viva tirada do altar incandescente do céu. Essa brasa tocou os lábios que Isaías havia percebido como impuros, e ele foi purificado. O serafim não pôde segurar a brasa quente com as mãos; precisou de uma ferramenta adequada e segura para realizar esse serviço sem se queimar. Mas Isaías não foi poupado: na pele mais fina e sensível, em seus lábios, ele foi marcado. A boca, que era seu instrumento profético, agora carregava a cicatriz do arrependimento. Após essa experiência, Isaías nunca mais foi o mesmo. Suas profecias, antes pesadas, deram lugar a profecias messiânicas e cheias de esperança. E você? Carrega a marca do arrependimento?

O que dizer de Jacó? Em Peniel (Gênesis 32:22-32), ele recebeu uma das maiores marcas que alguém pode carregar: a marca do arrependimento e da rendição a Deus. Naquela luta, Jacó foi finalizado como um aluno nas mãos de um mestre infinitamente superior. O derrotado sai ofegante, exausto e com o corpo marcado, enquanto o Mestre apenas permitiu a luta. Mas Deus considerou que Jacó lutou com Ele e com os homens e venceu. Vencer com Deus é perder para Ele. Antes de pregar, eu sempre declaro que a Palavra de Deus sairá vitoriosa, e isso faz com que, invariavelmente, eu saia mancando dos cultos. O arrependido é como Jacó em Peniel; após lutar com Deus, saiu mancando. Quem caminha mancando carrega em si a marca de ter sido vencido por Deus — uma derrota que, paradoxalmente, é a maior vitória que alguém pode experimentar.

Somos vasos de barro, frágeis e imperfeitos, mas, pelo arrependimento, nos tornamos vasos de honra, focados não em nossa limitada constituição, mas no tesouro que carregamos dentro de nós — a presença gloriosa de Cristo. Como diziam os puritanos: "Não confie em quem não manca", ou seja, em quem ainda não foi tocado em seu caminhar, em quem ainda não carrega as marcas do arrependimento em sua vida. O arrependimento produz um cristão mais santo e confiável, pois já passou pelo processo que o humilhou e o moldou.

Entrega: uma vida de renúncias por amor

A entrega completa e a vida de renúncias são marcas distintivas de um discípulo verdadeiro. John Bunyan,[20] em O *peregrino,*[21], nos mostra a jornada de um homem que, ao perceber o peso do fardo de seus pecados, abandona tudo para seguir o Caminho. Ele renuncia ao conforto, aos prazeres e até mesmo às coisas legítimas deste mundo, tudo por amor ao seu Salvador.

Outra verdadeira marca de um discípulo de Jesus é a entrega, a renúncia total de tudo o que somos e temos

por amor a Cristo. Essa é uma das mais profundas e desafiadoras verdades da vida cristã. O caminho do discipulado é pavimentado com renúncias e sacrifícios, não como um fardo imposto, mas como uma resposta ao amor incondicional e ao sacrifício supremo que Jesus fez por nós. A Bíblia está repleta de exemplos de homens e mulheres que, por amor a Deus, renunciaram a tudo, entregaram suas vidas e seus bens, e se tornaram testemunhas vivas do poder da entrega total.

20. John Bunyan (1628 –1688) foi um escritor e pregador cristão batista nascido em Harrowden, Elstow, Inglaterra. Foi o autor de The Pilgrim's Progress (*O peregrino*), uma alegoria cristã bem popular entre países de língua inglesa.

21. *O peregrino – A Viagem do Cristão à Cidade Celestial* é um livro alegórico cristão, considerado uma das obras mais significativas relacionadas às práticas teológicas e religiosas na literatura inglesa. Foi traduzido para mais de 200 idiomas. De acordo com o editor literário Robert McCrum, "não há nenhum livro em inglês, além da Bíblia, que iguale a obra-prima de Bunyan para o alcance de seus leitores.

Abraão, o pai da fé, é um exemplo poderoso de entrega. Quando Deus o chamou para sacrificar seu filho, Isaque, ele enfrentou a maior prova de sua vida (Gênesis 22:1-19). Isaque não era apenas seu filho; ele era o filho da promessa, o herdeiro através do qual Deus havia prometido que faria de Abraão uma grande nação. A ordem de Deus parecia contradizer todas as promessas feitas a ele. No entanto, Abraão obedeceu sem hesitar, demonstrando que seu amor e sua confiança em Deus eram maiores do que qualquer laço humano, até mesmo o de um pai com seu filho. No momento crítico, Deus, vendo a fé de Abraão, proveu um carneiro para o sacrifício. Abraão chamou aquele lugar de "O Senhor proverá", uma marca eterna de que a verdadeira entrega a Deus nunca é em vão, mas sempre leva à provisão divina.

Moisés, criado como príncipe no Egito, desfrutava de todas as riquezas e prazeres da corte egípcia. Mas, ao crescer, ele tomou uma decisão radical: renunciou a todos os prazeres temporais e à segurança da vida palaciana para se identificar com o povo de Deus e sofrer com eles (Hebreus 11:24-26). Moisés poderia ter vivido uma vida de conforto, mas escolheu obedecer ao chamado de Deus, liderando o povo de Israel à liberdade, mesmo que isso significasse enfrentar desafios gigantescos no deserto. Sua renúncia aos prazeres do Egito em favor das promessas de Deus é uma lembrança poderosa de que a verdadeira recompensa não está nos prazeres temporais deste mundo, mas nas riquezas eternas que Deus reserva para aqueles que O seguem.

Os discípulos de Jesus são outro exemplo notável de entrega total. Pedro, André, Tiago e João deixaram suas redes de pesca e suas famílias para seguir Jesus (Mateus 4:18-22). Mateus deixou sua lucrativa profissão como coletor de impostos para se tornar um discípulo. Eles renunciaram a uma vida calma e normal, cheia de previsibilidade e segurança, para seguir o Mestre em uma jornada cheia de incertezas e perigos. Jesus os chamou para abandonar tudo e segui-Lo, e eles obedeceram. Essa renúncia não foi em vão, pois eles se tornaram os pilares da igreja, instrumentos nas mãos de Deus para transformar o mundo.

O apóstolo Paulo é um exemplo excepcional de renúncia. Ele era um fariseu respeitado, com uma reputação impecável entre os judeus. Sua educação e seu zelo pela lei eram inigualáveis. No entanto, ao encontrar-se com Jesus no caminho de Damasco (Atos 9:1-22), Paulo renunciou a tudo: sua posição, seu status e até mesmo sua segurança, para pregar o evangelho de Cristo. Ele declarou em Filipenses 3:7-8: *"Mas o que para mim era lucro, passei a considerar como perda por causa de Cristo. Mais do que isso, considero tudo como perda, comparado com a suprema grandeza do conhecimento de Cristo Jesus, meu Senhor, por quem perdi todas as coisas. Eu as considero como esterco, para poder ganhar a Cristo"*. A renúncia de Paulo foi tão profunda que ele enfrentou prisões, açoites, naufrágios e, por fim, a morte, tudo isso por amor a Jesus.

Maria de Betânia, em um gesto de devoção radical, quebrou um vaso de alabastro com perfume caro e ungiu os pés de Jesus, secando-os com seus cabelos (João 12:1-8). Esse ato foi uma expressão de entrega completa, pois o perfume representava um ano de salário, um tesouro inestimável. Enquanto outros criticavam o desperdício, Jesus a defendeu, dizendo que ela havia feito uma boa obra, preparando-O para o sepultamento. Maria renunciou a um bem precioso por amor a Jesus, sem pensar nas consequências ou nos julgamentos dos outros. Sua entrega foi um ato de adoração pura, um testemunho de que nada é valioso demais para ser dado ao Senhor.

Ao longo da história, milhões de cristãos pagaram o preço final por sua fé, derramando seu sangue por amor a Cristo. Desde os primeiros mártires, como Estêvão (Atos 7:54-60), que foi apedrejado enquanto orava por seus algozes, até os cristãos contemporâneos em países perseguidos, que enfrentam tortura e morte, a entrega completa é a marca dos verdadeiros discípulos. Esses homens e mulheres não amaram suas vidas ao ponto de recuar diante da morte (Apocalipse 12:11). O sangue dos mártires é a semente da igreja, um testemunho eterno de que a entrega a Cristo vale mais do que a própria vida.

E você? Quais são as renúncias feitas que você poderia listar pelo preço pago por seguir a Jesus?

Um verdadeiro discípulo não tem parte com entregas parciais. As pequenas renúncias do dia a dia — no trabalho, nos estudos, nas relações pessoais — são apenas sombras da entrega completa que o Senhor requer. Aquele que entregou tudo por nós, que não poupou Seu próprio Filho, merece nada menos do que tudo de nós. As entregas parciais, que tantas vezes tentamos oferecer, são denunciadas pela cruz de Cristo, onde a entrega foi completa e definitiva.

Paulo nos lembra em Romanos 12:1-2: *"Portanto, irmãos, rogo-lhes pelas misericórdias de Deus que se ofereçam em sacrifício vivo, santo e agradável a Deus; este é o culto racional de vocês. Não se amoldem ao padrão deste mundo, mas transformem-se pela renovação da sua mente, para que sejam capazes de experimentar e comprovar a boa, agradável e perfeita vontade de Deus"*. A entrega completa é um chamado para viver como sacrifício vivo, uma vida de renúncia constante e amorosa.

Cada exemplo bíblico mencionado aqui — Abraão, Moisés, os discípulos, Paulo, Maria e os mártires — nos desafia a refletir sobre nossa própria caminhada com Cristo. Estamos realmente entregando tudo a Ele? Ou estamos nos apegando a áreas da nossa vida que queremos manter sob nosso controle? Jesus nos chama a uma vida derramada; Ele nos convida a carregar as marcas de

Sua cruz, a viver uma vida de sacrifício por amor a Ele e a encontrar, nessa renúncia, a verdadeira liberdade e alegria.

O discípulo verdadeiro é aquele que, tendo recebido tudo de Cristo, entrega tudo a Ele em resposta. Esse é o chamado da cruz: uma entrega sem reservas, uma vida vivida inteiramente para a glória de Deus. Que possamos, como os grandes homens e mulheres de fé antes de nós, entregar tudo a Jesus, sem hesitar, sem reter nada, sabendo que, em Suas mãos, nossa entrega se transforma em vida, em frutos eternos e em um testemunho que ecoa para a eternidade.

O grande Lloyd Jones[22], em *Estudos no Sermão do Monte*, ressalta a radicalidade das renúncias que Cristo nos pede — um discipulado que não é fácil, mas que é recompensado pela presença do próprio Jesus em nossas vidas. Em sua obra incomparável, Martyn Lloyd-Jones nos convida a uma profunda reflexão sobre o radical chamado de Jesus ao discipulado. Ele destaca que as palavras de Jesus no Sermão do Monte não são apenas

22. David Martyn Lloyd-Jones (1899-1981) foi um teólogo protestante na linha calvinista de origem galesa que foi muito influente na ala reformada do movimento evangélico britânico no século XX. Por quase 30 anos, foi o ministro da Capela de Westminster, em Londres. Lloyd-Jones era um forte opositor da teologia liberal. Ele discordou da abordagem ampla da Igreja e incentivou os cristãos evangélicos (especialmente anglicanos) a deixar suas denominações existentes, considerando que a comunhão cristã verdadeira só foi possível entre aqueles que partilharam convicções comuns sobre a natureza da fé.

belas declarações destinadas a confortar nossas almas; elas são, na verdade, uma convocação ao sacrifício total, uma entrega incondicional de cada aspecto da nossa vida à soberania de Deus. Jesus, ao ensinar naquele monte, falava com a autoridade de quem tem o direito de exigir tudo de nós — nossa mente, nosso coração, nossos bens, nossas ambições, nossos relacionamentos.

Lloyd-Jones nos lembra, em *Estudos no Sermão do Monte*, de que esse sermão não é um código moral destinado a ser seguido de forma legalista. Em vez disso, é uma revelação do caráter de Deus e uma descrição do tipo de vida que Ele espera de Seus filhos. É um chamado a viver na luz da presença de Deus, a caminhar na justiça que vem de uma relação viva com Cristo.

E essa justiça se manifesta, acima de tudo, na disposição de renunciar a tudo por amor a Ele.

Para ele, essas renúncias não são meros gestos simbólicos, tampouco são feitas para ganhar mérito diante de Deus. Elas são, na verdade, atos de profundo amor e adoração, expressões de uma vida que compreende o valor supremo de Cristo acima de todas as coisas. Cada renúncia que fazemos por amor a Jesus é uma declaração de que pertencemos a Ele, e não a este mundo. É uma marca indelével de que nossos tesouros estão no céu, onde nem a traça nem a ferrugem corroem e onde ladrões não escavam nem roubam (Mateus 6:19-21).

As renúncias que Cristo nos pede no Sermão do Monte são, na verdade, a abertura de um espaço em nosso coração para que Ele possa preencher com Sua presença. Ao deixarmos de lado nossas vontades, nossas seguranças, nossas aspirações terrenas, abrimos caminho para que Cristo reine em nossa vida de maneira plena e soberana. E é nessa entrega total que encontramos a verdadeira paz, a verdadeira alegria e o verdadeiro propósito.

Portanto, como Lloyd-Jones sabiamente aponta, o discipulado de Cristo não é uma vida de facilidades, mas de renúncia radical. E, paradoxalmente, é nessa renúncia que encontramos a vida em sua plenitude, pois ganhamos algo infinitamente maior: a presença do próprio Jesus, caminhando conosco, guiando-nos, moldando-nos à Sua imagem e nos preparando para o Reino eterno. Cada renúncia é um passo em direção à liberdade verdadeira, a liberdade de viver para a glória de Deus, sendo moldados pela Sua graça e carregando as marcas de Cristo em nossas vidas.

Renunciar é abandonar aquilo que prende nossa alma ao mundo, é entregar nas mãos de Deus tudo o que somos e temos, confiando que Ele é suficiente para nós. As renúncias não são meros sacrifícios, mas atos de amor e adoração, expressões de uma vida que reconhece o valor supremo de Cristo. Cada renúncia marca nossa vida com o selo de que pertencemos a Ele, e não a este mundo.

A morte

A morte é um passo além da entrega; é uma entrega total, uma renúncia final. É como se perder completamente nesse amor, deixando de viver para si mesmo e permitindo que Cristo viva em nós.

"Fui crucificado com Cristo. Assim, já não sou eu quem vive, mas Cristo vive em mim. E esse viver que agora tenho na carne, vivo pela fé no Filho de Deus, que me amou e se entregou por mim" (Gálatas 2.20).

Todos nós carregamos um grande medo da morte, algo que, por mais que tentemos, jamais nos acostumamos. Embora seja a única certeza para quem está vivo, a morte permanece como nosso maior pesadelo.

A perda de entes queridos, o fim inevitável da nossa própria existência quem nunca se perguntou como será o momento de sua partida? Ansiamos por vencer a morte, mas Cristo nos ensina que a verdadeira vitória sobre a morte vem paradoxalmente por meio dela. Ele triunfou sobre a morte ao morrer e, assim, nos revela que a vida verdadeira só pode ser encontrada na cruz.

Dietrich Bonhoeffer, em suas palavras profundas, nos lembra de que Cristo deseja nos dar vida, mas não antes de nos apresentar a morte. Cristo promete vida abundante, mas essa vida só pode ser alcançada através da morte do ego, do "eu", pela cruz. Em *A cruz de Cristo*, John Stott nos ensina que a cruz não é apenas o lugar de nossa redenção, mas também o símbolo da nossa vida neste mundo. Somos chamados a tomar nossa cruz diariamente e seguir a Jesus, morrendo para nós mesmos, para que possamos viver para Ele.

Os grandes romances, escritos ou produzidos cinematograficamente, não renunciam da profunda emoção que ver a morte sacrificial por amor, uma vez que esta gera e atrai as pessoas. Algo dentro de nós sempre sonhou em alguém nos amar a esse ponto, algo em nós também nos impulsiona a amar nesse nível. Os discípulos de Jesus, que eram Seus amigos, tornaram-se mártires, carregando em seus corpos as marcas da lealdade suprema ao seu Mestre. A marca da morte, do morrer para si mesmo, é uma das mais profundas que podemos carregar como seguidores de Cristo. Não há maior expressão de amor e devoção do que estar disposto a perder tudo, inclusive a própria vida, por amor a Jesus. Essa marca é o testemunho final de que pertencemos a Ele e de que a nossa vida está escondida com Cristo em Deus.

Grandes homens de Deus perderam suas vidas por Ele de maneiras que ninguém ousaria sonhar. Foram torturados de forma agonizante e enfrentaram mortes trágicas - mártires assassinados ou missionários que contraíram doenças mortais em terras distantes, longe de suas casas. Um Deus tão cuidadoso, tão zeloso em cada detalhe de nossas vidas, surpreendendo-nos constantemente com Sua graça, gentileza e bondade, parece, à primeira vista, indiferente ao nosso último dia na terra. Ele demonstra profundo interesse em nossa vida, mas aparentemente não se importa com nossa morte física. Deus não livrou Estêvão das pedras que, com tanta força, o levariam a óbito. Isso, para ser honesto, não é algo fácil de compreender, pelo menos, para mim.

Não sei como explicar isso completamente, mas acredito que Deus leva tão a sério o chamado de "tomar a cruz e morrer para si mesmo" que, para Ele, esse assunto já está resolvido entre Mestre e discípulo. A morte que Ele nos pede não é apenas a morte física, mas a morte em vida a renúncia diária, a entrega total. E essa morte espiritual é definitiva; a morte física, de fato, se torna um lucro, não importa a forma que ela tome, pois Deus nos pede um sacrifício vivo na nova aliança, não mais animais mortos. Nosso sacrifício vivo é o verdadeiro culto, e nossa morte para o mundo é, paradoxalmente, a nossa verdadeira vida.

Deus marcado no céu, humanos marcados na terra.

Ao olharmos para Jesus e para Suas marcas, somos levados a uma reflexão profunda. Quando Ele se encontrou com Tomé, o Senhor mostrou as marcas em Suas mãos e orientou que Tomé estendesse a mão e colocasse o dedo ao lado. São as marcas de amor que ultrapassam o poder da morte. E mesmo na visão glorificada que João teve de Cristo, no Apocalipse, Ele ainda carrega as marcas da cruz, um lembrete eterno de Seu sacrifício. Assim como o escravo que tinha suas orelhas furadas na porta da casa, como sinal de pertença (Deuteronômio 15:17), nosso Amado carrega as marcas de um amor mais forte que a morte.

E nós? Quais são as marcas que carregamos em nossas vidas? Seriam as marcas da indiferença e da omissão, como diria Dallas Willard em *A grande omissão*, quando deixamos de fazer o que Jesus nos chamou para fazer? Ou as marcas de um orgulho intacto, que nos impede de nos rendermos em arrependimento, permanecendo firmes em nossa teimosia e dureza de coração? Talvez as marcas da retenção dos nossos bens, que acumulamos tempo, energia, dinheiro e sonhos, na tentativa de garantir nossa felicidade, em vez de confiar em Deus? Ou, ainda, as marcas da autopreservação, sempre fugindo do altar, evitando a entrega completa? Essas são as perguntas que devemos nos fazer enquanto buscamos não apenas viver como discípulos de Jesus, mas carregar, com alegria e honra, as marcas do nosso Mestre.

Estamos nos aproximando do fim de nossa jornada, explorando o que significa ser um discípulo de Jesus. O discipulado, quando levado a sério, nos leva inevitavelmente a influenciar outros a seguir o mesmo caminho o caminho de Cristo. Ser apenas discípulo é mais do que uma simples escolha; é ter a vida firmada em um novo fundamento, com um coração que pertence a um novo

Dono. É permitir que as virtudes de Cristo moldem nosso caráter, e, diante de tudo isso, carregar em nossa vida as marcas eternas que evidenciam essa conversão e discipulado.

CONCLUSÃO

Os discípulos são Cartas Vivas

2 Coríntios 3:2-3 -"Vocês mesmos são a nossa carta, escrita em nosso coração, conhecida e lida por todos. Estão manifestos como carta de Cristo, produzida pelo nosso ministério, escrita não com tinta, mas pelo Espírito do Deus vivo, não em tábuas de pedra, mas nas tábuas de carne, isto é, nos corações."

Neste trecho da santa Palavra de Deus, o apóstolo Paulo está escrevendo aos coríntios, enfatizando que eles, como cristãos, são cartas vivas que refletem o trabalho do Espírito Santo em suas vidas. Paulo está dizendo que a vida transformada dos coríntios serve como uma prova viva do ministério e do poder do evangelho. Eles não precisam de recomendações escritas, pois suas próprias vidas, moldadas pelo Espírito, são a prova tangível do trabalho de Deus. Assim, cada cristão é uma "carta viva", uma mensagem divina que é lida e conhecida por todos ao seu redor, demonstrando a obra de Cristo em seu coração.

Tempos atrás, fui desafiado a escrever um material de apoio para um período de consagração em nossa família de igrejas. Ao estudar sobre o fruto do Espírito, tive clareza de que a forma mais saudável e eficaz de revelar Cristo é através do fruto do Espírito Santo em nossas vidas. Isso não nos exime de pregar e testemunhar com ousadia, mas estar revestido de Cristo traz um peso de glória ao que dizemos e gera um impacto ainda maior em quem nos ouve.

Cremos em um evangelho que pode ser experimentado na convivência entre as pessoas. Acreditamos que a experiência com Jesus é mais sabor do que saber! O fruto do Espírito, descrito em Gálatas 5:22-26 — amor, alegria, paz, paciência, amabilidade, bondade, fidelidade, mansidão e domínio próprio — é mais cheiro e sabor do que uma explicação. Não é uma ideia a ser debatida, mas um sabor a ser provado. Deus escolheu a analogia do fruto por uma razão.

Revelamos Cristo quando estamos revestidos de Seu caráter santo, vivendo em amor, humildade e pureza. Aqueles que tiveram seus fundamentos trocados, coração redimido, virtudes de Cristo desenvolvidas e que, agora, carregam as marcas de andar com Cristo, estão revestidos de Jesus. Existem muitas virtudes, qualidades e posturas que a Bíblia revela as quais e nos encoraja a adotar como nosso revestimento. Quando recebemos uma carta, o papel não é o mais importante, mas sim a mensagem. Nosso viver deve ser uma mensagem sobre Jesus, resumida pelo fruto do Espírito Santo (Gálatas

5:22-23). Esse fruto é um grupo de virtudes que honra e glorifica Jesus.

Uma árvore só pode dar um tipo de fruto. Da mesma forma, a vida espiritual não consiste em praticar isoladamente essas virtudes, pois seriam obras, não fruto. Geramos fruto ao crermos na nova natureza que recebemos, que nos capacita para um relacionamento vivo com Jesus.

São várias expressões do mesmo tipo de fruto, como uma mexerica que, ao ser descascada, revela vários gomos. Não é errado dizer que amor é um fruto do Espírito Santo, assim como qualquer outra das virtudes. Mas podemos dizer que são frutos do mesmo tipo — e qual é a espécie? Jesus Cristo, a videira verdadeira, a árvore da vida!

Se as obras da carne (Gálatas 5:19-21) mostram o velho homem corrompido, o fruto do Espírito Santo é a expressão de Jesus em nós. É como nos revestimos de Cristo, através de um relacionamento íntimo com o Pai, por meio do Espírito Santo. Isso só é possível andando no Espírito, sendo guiados por Deus em nosso dia a dia. A grande verdade é que estamos sempre revelando algo ao mundo. Nosso falar, agir, e até mesmo o nosso olhar comunicam algo. Ou realizamos obras da carne ou geramos o fruto do Espírito Santo, o que depende da natureza predominante em nós. O ímpio, que ainda não nasceu de novo, não tem escolha a não ser praticar as obras da carne. O cristão, que nasceu de novo, pode escolher submeter-se a Deus e frutificar para a glória do seu Senhor.

> *Efésios 4:22-23: "quanto à antiga maneira de viver, vocês foram instruídos a deixar de lado a velha natureza, que se corrompe segundo os desejos enganosos, e a se deixar renovar no espírito do entendimento de vocês."*
> *Colossenses 3:12: "Portanto, como eleitos de Deus, santos e amados, revistam-se de profunda compaixão, bondade, humildade, mansidão e paciência."*

O discípulo é alguém piedoso. A verdadeira piedade consiste em dois traços que se complementam: centralidade em Deus (devoção) e semelhança de Deus (caráter cristão). Não basta expressarmos reverência a Deus, elevando nosso coração em adoração; a autenticidade de nossa devoção se revela no ardente desejo e sincero esforço de nos tornarmos como Ele é. Paulo não apenas desejava conhecer a Cristo, mas também se assemelhar a Ele, avançando com toda a intensidade rumo a esse objetivo.

Se formos honestos, seremos confrontados com a dificuldade de praticar tais virtudes. Nesse momento, precisamos nos lembrar de que, diferentemente das obras da carne, as quais realizamos com nossas próprias mãos, os traços do caráter de Jesus, como temos aprendido no decorrer do livro, não são frutos do nosso esforço, mas sim da Obra de Jesus por nós e em nós. Eles têm muito mais a ver com descansar e desfrutar de intimidade com Jesus em oração, leitura da Palavra e jejum do que em nos concentrarmos na atitude que devemos ter a todo momento. Da mesma forma que há uma diferença entre um pedreiro que assenta tijolos para erguer um muro e uma árvore que cresce e dá frutos, assim deve ser a distinção entre as obras da carne que praticávamos e o fruto do Espírito Santo que agora geramos. Se tratarmos o fruto como se fosse obra, corremos o risco de nos tornarmos ainda mais carnais do que antes.

Outro ponto importante a considerar é que essas virtudes mencionadas não são naturais, mas espirituais — são fruto do Espírito. Antes de nos convertermos, todos manifestávamos algumas dessas virtudes em certa medida. Tínhamos um pouco de paz, alegria, bondade e até mesmo de domínio próprio, mas precisávamos fazer um grande esforço para mostrar tais virtudes, e isso acontecia apenas exteriormente. Hoje, porém, o Espírito Santo habita em nós e faz com que esses frutos se manifestem de maneira espontânea.

Hipocrisia: A disparidade entre o discurso e a prática:

Não podemos negar que, hoje, existe uma disparidade

muito grande entre o que Jesus viveu e ensinou e o que nós, seus seguidores, vivemos, praticamos e até mesmo ensinamos. Esse abismo é uma tragédia. Não pense em outra pessoa nesse momento; pense em sua própria vida. Eu tenho feito isso enquanto escrevo também; antes de pensar em você como leitor, permito o Espírito trazer mais luz a mim como escritor.

Como igreja brasileira, estamos presenciando uma onda de denúncias e escândalos no momento em que escrevo este livro. Uma das razões para esse fato é a existência de líderes e pessoas que frequentam a igreja, mas não são discípulos de Jesus. Não são simplesmente seguidores fiéis de Cristo como humildemente estamos propondo. Provavelmente eu e você, leitor, nas mesmas tentações e nos mesmo cenários que muitos estão caídos e caindo, agiríamos de modo muito parecido. Provavelmente e, lamentavelmente, seríamos também pedra de tropeço para muitos, o que é uma tragédia.

Por quê? O que nos falta? O que ainda não vimos e não experimentamos em Jesus e Seu evangelho? Será que a profundidade do sacrifício de Cristo e a grandeza do Seu chamado ao discipulado têm sido diluídas em nossas práticas cotidianas? Jesus nos chamou para um relacionamento profundo e transformador, e não para uma observância superficial de rituais. Muitas vezes, nossa prática da fé se resume a cumprir formalidades e tradições, esquecendo o cerne do discipulado: seguir Jesus com todo o nosso ser, em cada aspecto de nossas vidas.

Em seu livro *A grande omissão – as dramáticas consequências de ser cristão sem se tornar discípulo*, Dallas Willard propõe o seguinte:

> É evidente que existe uma Grande Disparidade entre a esperança de vida expressada em Jesus — uma realidade na Bíblia e numa série de exemplos magníficos entre seus seguidores — e o comportamento diário, a vida interior e a presença social da maioria dos que se dizem seguidores de Jesus. Assim, somos obrigados a perguntar: Qual o motivo dessa Grande Disparidade? Ela é causada por algo inerente à própria natureza de Jesus e por aquilo que ele ensinou e trouxe à humanidade? Ou é resultante de fatores secundários que foram se associando a instituições e indivíduos cristãos ao longo do tempo? Será que estamos vivendo numa época em que, por algum motivo, os cristãos em geral e a maioria de seus líderes não entenderam o cerne da questão?
>
> Imagine que seu vizinho está sempre tendo problemas com o carro dele. Você pode concluir, talvez corretamente, que ele fez um mau negócio. Mas se você descobrisse que, de vez em quando, seu vizinho mistura água na gasolina, com certeza não culparia o carro ou o fabricante pelos problemas mecânicos. Diria que o carro não foi feito para funcionar sob as

condições impostas pelo proprietário. E, sem dúvida, aconselharia seu vizinho a usar apenas o combustível apropriado. É possível que, depois de alguns ajustes, o carro voltasse a funcionar bem.

Devemos abordar as decepções atuais sobre a caminhada com Cristo de maneira semelhante. Ela também não foi feita para funcionar com qualquer tipo de "combustível". Se estamos completamente parados ou andando apenas aos solavancos, é porque não estamos nos dedicando a essa caminhada o suficiente para permitir que Ele assuma o controle de toda nossa vida. Talvez ninguém tenha nos explicado o que devemos fazer. Talvez não saibamos bem qual é "nossa parte" na vida eterna. Ou talvez tenhamos aprendido a "fé e prática" de algum grupo, e não os princípios de Jesus. Ou, ainda, talvez tenhamos ouvido algo que está de acordo com os ensinamentos de Jesus, mas tenhamos interpretado incorretamente (um dilema que costuma gerar excelentes fariseus ou "legalistas" — um modo de vida muitíssimo difícil). Ou talvez acreditemos que o preço a ser pago para andarmos no "Caminho" é alto demais e estejamos tentando economizar (completando o tanque de combustível com a "água" do moralismo ou da religião de vez em quando).

Sabemos que o "carro" do cristianismo pode funcionar muito bem em circunstâncias de todo tipo. Vemos isso — ou, pelo menos, quem assim o deseja pode ver — quando deixamos de lado as caricaturas e apresentações parciais, e olhamos para o próprio Jesus e para suas várias manifestações em acontecimentos e personalidades ao longo da história e em nosso mundo atual. Ele é simplesmente o ponto mais brilhante do cenário humano. Não há concorrência. Até mesmo os anticristãos julgam e condenam os cristãos de acordo com a pessoa e as palavras de Jesus. Ele não está escondido, mas deve sempre ser buscado, para que possamos perceber sua presença manifesta em nosso mundo. Isso faz parte de seu plano e visa ao nosso próprio bem. Se O buscarmos, Ele com certeza nos encontrará e, então, nós também O encontraremos de maneira mais profunda. Essa é a existência bem-aventurada do discípulo de Jesus que não cessa de crescer "na graça e no conhecimento de nosso Senhor e Salvador Jesus Cristo" (2Pedro 3:1).

Mas é justamente esse o problema. Quem, dentre os cristãos de hoje, é um discípulo de Jesus, em qualquer sentido substantivo do termo "discípulo"? Um discípulo é um aluno, um aprendiz — um praticante, mesmo que iniciante. O Novo Testamento, que deve ser nosso princípio norteador no Caminho com Cristo, deixa isso claro. Nesse contexto, os discípulos de Jesus são pessoas que não apenas adotam e professam certas ideias, como também aplicam sua compreensão crescente da vida no reino dos céus a todos os aspectos de sua vida na terra.

Contrastando com isso, a suposição dominante entre os cristãos professores de hoje é de que podemos ser "cristãos" para sempre sem jamais nos tornarmos discípulos — nem mesmo no céu, pois, afinal, que necessidade teremos de ser discípulos no porvir? Onde quer que estejamos, podemos ver que esse é o ensinamento corrente. E essa é (com suas várias consequências) a Grande Omissão da "Grande Comissão", em que a Grande Disparidade se encontra firmemente arraigada. Enquanto a Grande Omissão continuar a ser permitida ou nutrida, a Grande Disparidade florescerá — tanto na vida de indivíduos quanto em grupos e movimentos cristãos. Logo, se cortarmos a raiz da Grande Omissão, a Grande Disparidade murchará, como foi o caso tantas vezes no passado. Não é preciso lutar contra ela. Basta parar de alimentá-la.

Não há um problema em Jesus ou na Bíblia Sagrada. Acredito que a marca e o modelo são bons, mas que temos interpretado mal a Palavra de Deus. Já ouviu o termo "combustível adulterado"? Muitas vezes, interpretamos o evangelho de forma que nos seja conveniente, diluindo suas exigências e simplificando seu profundo chamado ao arrependimento e transformação.

O que está em jogo?

"Por isso, tendo este ministério, segundo a misericórdia que nos foi feita, não desfalecemos. Pelo contrário, rejeitamos as coisas que, por vergonha, se ocultam, não andando com astúcia, nem adulterando a palavra de Deus. E assim, pela manifestação da verdade, nos recomendamos à consciência de todo ser humano diante de Deus. Mas, se o nosso evangelho ainda está encoberto, é para os que se perdem que está encoberto. O deus deste século cegou o entendimento dos incrédulos, para que não lhes resplandeça a luz do evangelho da glória de Cristo, que é a imagem de Deus. Porque não nos pregamos a nós mesmos, mas a Jesus Cristo como Senhor, e a nós mesmos como vossos servos, por amor de Jesus. Porque Deus, que disse: "Das trevas resplandecerá a luz", ele mesmo resplandeceu em nosso coração, para iluminação do conhecimento da glória de Deus na face de Cristo". (2 Coríntios 4:1-6)

Se o evangelho está encoberto, é para os que se perdem que ele lamentavelmente está oculto. Se as pessoas que dizem seguir a Jesus, de fato, não O seguem, quando os escândalos se manifestam por meio dessas pessoas, o problema não está no evangelho, em Jesus, na Bíblia, no cristianismo ou na igreja. O problema está naqueles que professam uma fé com os lábios, mas negam a mesma fé com sua própria vida. Por isso, o nome de Deus é blasfemado entre os gentios. A hipocrisia, a incoerência entre a palavra professada e a vida praticada são uma das maiores pedras de tropeço para os que ainda não conhecem a Cristo.

Autoavaliação e arrependimento

Quando a igreja não é igreja, quando o cristão não é discípulo de Jesus, o nome de Deus é blasfemado entre os que não O conhecem. (Rm 2:24) Como já vimos, evangelho de Jesus nos torna discípulos, porque toca nosso caminhar, tal qual paralíticos que passam a andar, mas também arrogantes que passam a “mancar”. A transformação genuína que o evangelho promove é visível e impactante. Ela nos leva a viver de maneira diferente, refletindo o caráter de Cristo em nossas ações cotidianas.

Será que temos conversado conosco mesmos, a fim de discernirmos em nosso caminhar as incoerências entre nossas práticas e nossas crenças? Isso precisa gerar real arrependimento. O autoexame sincero é crucial para a vida do discípulo. Devemos constantemente nos perguntar se estamos vivendo de acordo com o evangelho que professamos. Essa reflexão deve nos conduzir ao arrependimento genuíno e à busca constante por uma vida que honre a Deus.

Discípulos são alunos, aprendizes e praticantes, segundo a origem do termo na língua grega. Não adianta saber e não viver. Precisamos tomar uma decisão em ser discípulos. A aprendizagem contínua e a prática dos ensinamentos de Jesus são o que nos molda à Sua imagem. O verdadeiro discípulo é aquele que, ao aprender, aplica e vive o que aprendeu, demonstrando o poder transformador do evangelho.

Essa realmente não é uma proposta para os acomodados ou satisfeitos com a superficialidade. Tudo isso é um convite para aqueles que desejam mergulhar profundamente nas águas da graça e serem transformados pelo poder restaurador de Jesus. É um desafio permitir que Ele toque, restaure e transforme cada área de sua vida, para que possamos refletir a imago Dei em toda a sua plenitude e beleza.

Como iremos colocar em prática essas coisas?

Após explorar os fundamentos, as afeições, as virtudes e as marcas de um discípulo, tornando-nos como cartas vivas, surge a pergunta essencial: como colocar em prática tudo o que aprendemos? A resposta está em caminhar nos meios da graça, utilizando as disciplinas espirituais como ferramentas para aprofundar nossa comunhão com Deus e moldar nosso caráter à semelhança de Cristo a partir da contemplação. De maneira sucinta e direta, quero te convidar a se expor ao ambiente de transformação, onde, em contemplação, você será transformado de glória em glória.

Meios da Graça: Disciplina Espiritual em Contemplação

Samuel Whitefield, em seu livro *discipulado começa com contemplação*, argumenta que o verdadeiro discipulado está enraizado na contemplação de Cristo.

Ele sugere que as disciplinas espirituais devem ser praticadas com o foco na contemplação, ou seja, uma profunda consideração da pessoa e obra de Jesus. Ele destaca que a contemplação não é uma prática passiva, mas uma atividade intencional que molda o coração e a mente para serem mais semelhantes a Cristo. Eu acredito que, ao fixarmos nossos olhos em Jesus e meditarmos em Sua glória e caráter, as disciplinas espirituais, como a oração, a leitura bíblica e o jejum, tronam-se meios eficazes de transformação interior.

Em vez de meramente cumprir rituais ou buscar autoaperfeiçoamento, a verdadeira mudança ocorre quando as disciplinas espirituais nos levam a um encontro mais profundo e pessoal com Cristo, resultando em uma vida que reflete Sua imagem.

Richard Foster, em seus escritos sobre as disciplinas espirituais, nos convida a ver essas práticas não como um fardo, mas como uma alegria, uma oportunidade de nos aproximarmos mais de Deus. Ele descreve a oração, a leitura bíblica e o jejum como disciplinas que devem ser celebradas, as quais nos permitem desacelerar e focar nosso coração e nossa mente na presença de Deus.

Vamos abordar as principais:

Oração: A oração não é apenas falar com Deus, mas também ouvir Sua voz e descansar em Sua presença. Jesus nos ensina sobre a importância da oração ao longo de Seu ministério, como em Lucas 5:16, onde se retirava para lugares solitários para orar. A oração efetiva começa com a simplicidade — um coração sincero que se apresenta a Deus como é. Jesus nos lembra disso em Mateus 6:6, onde nos ensina a entrar em nosso quarto, fechar a porta e orar ao nosso Pai em segreto. Quando praticamos a oração regularmente, ela nos transforma, moldando nossos desejos e alinhando nossa vontade com a vontade de Deus. Em Romanos 8:26-27, Paulo nos assegura que, mesmo quando não sabemos o que orar, o Espírito Santo intercede por nós com gemidos inexprimíveis, nos ajudando a orar conforme a vontade de Deus. A oração nos leva a um lugar de intimidade, onde começamos a desejar o que Deus deseja e a amar o que Ele ama, transformando nosso coração e nossa vida.

Leitura bíblica: A Palavra de Deus é viva e eficaz, como nos lembra Hebreus 4:12. Ela é mais do que um texto; é uma espada que penetra profundamente em nossa alma e em nosso espírito, discernindo nossos pensamentos e nossas intenções. A leitura bíblica não deve ser feita de forma superficial ou rotineira, mas com reverência e um coração disposto a ser transformado. Em Salmos 119:105, vemos que a Palavra é lâmpada para os nossos pés e luz para o nosso caminho, guiando-nos em cada passo que damos. Meditar na Palavra, como recomendado em Josué 1:8, é essencial para conhecer a mente de Deus e ser guiado em nossa jornada espiritual. Jesus, em Sua tentação no deserto, resistiu ao inimigo com a Palavra (Mateus 4:4), mostrando-nos que a leitura bíblica é uma arma poderosa na batalha espiritual e uma fonte de sustento para nossa alma.

Jejum: O jejum é uma disciplina de renúncia, na qual negamos a nós mesmos para buscar a Deus de maneira mais intensa. Em Mateus 6:16-18, Jesus nos instrui sobre o jejum, lembrando-nos de não o fazer para impressionar os outros, mas para nos aproximarmos de Deus em humildade. O jejum não é apenas abster-se de comida, mas também de qualquer coisa que ocupe o lugar de Deus em nossa vida — seja entretenimento, conforto, ou até mesmo o trabalho. Isaías 58:6 nos ensina que o jejum que agrada a Deus é aquele que quebra as cadeias da injustiça e nos liberta das amarras do pecado. O jejum nos ajuda a lembrar que somos totalmente dependentes de Deus e nos abre para uma maior sensibilidade ao Seu

Espírito. Em Atos 13:2-3, vemos a igreja primitiva jejuando e orando antes de tomar decisões importantes, mostrando que o jejum nos prepara para receber direção e revelação divinas.

Essas disciplinas — os meios da graça, quando praticadas com sinceridade e consistência, nos conectam ao coração de Deus e nos transformam de dentro para fora. Elas não são fins em si mesmas, mas meios pelos quais nos tornamos mais como Cristo, refletindo Sua imagem em nosso viver diário.

Igreja local: o corpo de Cristo

Mark Dever, em seu livro Discipulado, logo na introdução nos apresenta um pensamento digno de nota:

> Não sou o único que deseja fazer as coisas do meu próprio jeito. As pessoas adoram as palavras de Robert Frost: "Duas estradas se bifurcavam em uma árvore. Eu trilhei a menos percorrida, e isso fez toda a diferença". Henry David Thoreau fez a seguinte observação: "Se um homem marcha com um passo diferente do de seus companheiros, é porque ouve outro tambor". E é de William Ernest Henley a famosa declaração: "Sou o mestre do meu destino; sou o capitão da minha alma".
>
> Não são apenas poetas e escritores que apreciam sua independência. Segundo Robert Putnam em *Bowling*

alone [Jogando boliche sozinho], a maior parte da população está se afastando de seus clubes, associações cívicas e igrejas locais. A cena agora comum de membros da mesma família enviando mensagens de texto para amigos enquanto ignoram uns aos outros na mesa de jantar explica o título do livro de Sherry Turkle, *Alone together: why we expect more from technology and less from each other* ***[Juntos e solitários: por que esperamos mais da tecnologia e menos uns dos outros].***

Sem dúvidas, outro aspecto fundamental para nossa transformação em discípulos de Jesus é o completo envolvimento com a igreja local. A igreja não é apenas um lugar onde nos reunimos aos domingos; ela é o corpo de Cristo na terra, o ambiente onde somos edificados e desafiados a crescer em nossa fé. É nossa família espiritual da qual precisamos.

Congregar: A importância de congregar não pode ser subestimada. Hebreus 10:25 nos adverte a não deixarmos de nos reunir, como é costume de alguns. A reunião com outros crentes nos fortalece, nos encoraja e nos mantém firmes na fé. Em Atos 2:42, vemos que os primeiros cristãos perseveravam na doutrina dos apóstolos, na comunhão, no partir do pão e nas orações. É na comunhão dos santos que encontramos apoio, encorajamento e correção, elementos essenciais para nosso crescimento espiritual.

Receber os sacramentos: Participar dos sacramentos — como o batismo e a Ceia do Senhor — é fundamental para a vida cristã. Em Mateus 28:19, Jesus nos ordena a batizar em nome do Pai, do Filho e do Espírito Santo, e em 1 Coríntios 11:24-26, Paulo nos instrui sobre a importância de participar da Ceia do Senhor. Esses atos não são apenas símbolos; eles são meios de graça, os quais experimentamos de maneira tangível a presença e o poder de Deus. Eles nos lembram de nossa união com Cristo e com Seu corpo, fortalecendo-nos na fé e na comunhão com os irmãos.

Relacionar-se de verdade: O discipulado acontece no contexto de relacionamentos. A vida dos "uns aos outros", tão enfatizada no Novo Testamento, nos chama a viver em comunhão genuína. Romanos 12:10 nos exorta a amar uns aos outros com amor fraternal, preferindo-nos em honra. Não podemos ser discípulos isolados; precisamos de outros para nos ajudar a crescer, e outros precisam de nós para caminhar na fé. Relacionar-se de verdade significa abrir-se para a comunhão, estar disposto a ser conhecido e a conhecer, a servir e a ser servido. Em Efésios 4:2-3, Paulo nos encoraja a suportar uns aos outros em amor e a preservar a unidade do Espírito no vínculo da paz.

Ser discipulado e discipular: O chamado ao discipulado é um chamado para sermos formados e formarmos outros. Jesus nos deu o exemplo ao investir em Seus discípulos e, em 2Timóteo 2:2, Paulo instrui Timóteo a confiar a homens fiéis o que ele havia aprendido. Todos nós precisamos de mentores espirituais — pessoas que estão mais adiante na jornada para nos guiar. Ao mesmo tempo, somos chamados a discipular outros, a compartilhar o que temos aprendido e a caminhar ao lado de novos crentes, ajudando-os a seguir a Cristo. O discipulado é um ciclo de crescimento e multiplicação, em que a vida de Cristo é reproduzida em nós e através de nós.

Essas práticas são os alicerces de uma vida de discipulado autêntico, em que a fé é vivida de maneira prática e eficaz, como também o caráter de Cristo é formado em nós para a glória de Deus.

Palavras finais

Podemos resumir o que foi dito até aqui afirmando que o discipulado de Jesus é o convite mais belo e desafiador que uma pessoa pode receber. É um chamado para andar nos altos caminhos do Senhor, não apenas como um seguidor, mas como alguém que caminha ao lado dEle, preenchido por Ele e revestido com Sua presença. Pois Cristo é tudo em todos (Colossenses 3:11), e nEle vivemos, nos movemos e existimos (Atos 17:28).

Este convite não é feito aos que se julgam perfeitos ou que estão acostumados a receber aplausos. Ele é estendido aos cansados, sobrecarregados, desiludidos, decepcionados, quebrantados, falidos e solitários. Aos excluídos, esquecidos e àqueles que já perderam a confiança em si mesmos. Como diz a Escritura: “Deus escolheu o que para o mundo é loucura para envergonhar os sábios; e escolheu o que para o mundo é fraqueza para envergonhar o que é forte” (1Coríntios 1:27).

Ele fez esse convite a mim, e está fazendo a você. Se Ele não te chamar, não há nada que você possa fazer para ser como Ele é e ser apenas um discípulo. Mas, se Ele te chamou, então não há como fugir, pois Ele é fiel para terminar aquilo que começou (Filipenses 1:6). Talvez você se sinta muito aquém para responder ao alto desígnio de

Deus, e talvez você veja em mim, ou em algum grande homem ou mulher de Deus, um nível muito distante do seu, pensando que o discipulado não é para você. De fato, ser como Cristo é um privilégio elevadíssimo, mas, para subir a esse lugar, você só precisa de uma escada, e ela está ao seu lado agora: Jesus é o Caminho para o Pai. Quem me trouxe até aqui foi o Cristo, e Ele está aí contigo agora mesmo. Vivemos a vida em busca de respostas para o porquê, o como, o quanto, o quando e o onde. Queremos a segurança de ter todas as respostas práticas para controlar a nossa própria vida. Mas tudo o que Jesus nos oferece é o Quem, e Ele é o quem de que realmente precisamos. Ele elimina a necessidade de todas as outras questões, pois se revela como o nosso porquê, nosso como, nosso quanto, nosso quando e nosso onde. Então, feche este livro por alguns minutos, dobre seus joelhos, tome as mãos dEle e suba a uma rocha que é mais alta do que você (Salmos 61.2).

EPÍLOGO

Seguirmos Jesus hoje, haverá uma igreja viva amanhã

Lembro-me de uma viagem para a Europa, onde tive a oportunidade de admirar catedrais e castelos que foram construídos ao longo de séculos. Essas obras magníficas custaram a vida de muitas pessoas, que dedicaram suas existências inteiras à construção de algo que sabiam que não veriam concluído. Essas pessoas estavam impelidas por um propósito maior, algo que iria além de suas próprias vidas. Esse exemplo nos ensina que, se queremos fazer algo que dure além de nós mesmos, precisamos ser e fazer discípulos.

Nada tem mais poder e eficácia para preservar a beleza de Cristo, seu evangelho e sua gloriosa noiva, a Igreja, do que sermos discípulos de Jesus hoje. A Bíblia nos diz que "um dia anuncia outro dia" (Salmo 19:2), e se hoje formos apenas discípulos, amanhã ainda teremos discípulos de Jesus andando por este planeta. No entanto, se negligenciarmos esse grande privilégio e essa grande responsabilidade, não podemos esperar uma igreja viva, saudável e frutífera amanhã.

Ser discípulo de Jesus significa viver e ensinar os princípios do evangelho, passando adiante a fé que nos foi confiada. É um chamado a viver de maneira íntegra e comprometida, refletindo a luz de Cristo em tudo o que fazemos. Ao investirmos em outras pessoas, formando novos discípulos, garantimos que a mensagem de Jesus continue a se espalhar, tocando vidas e transformando corações.

Portanto, se desejamos ver uma continuidade da obra de Cristo e a perpetuação de sua mensagem, devemos nos dedicar ao discipulado com fervor e diligência. A tarefa pode parecer desafiadora, mas é através dela que asseguramos que a igreja permaneça viva e vibrante para as gerações futuras. Assim como aqueles construtores de catedrais que trabalhavam para algo que sabiam que duraria além de suas vidas, somos chamados a investir na formação de discípulos, sabendo que esse é o legado mais duradouro que podemos deixar.

Nos dias de hoje, a igreja enfrenta inúmeros desafios: secularização, divisões internas e uma crescente indiferença e apatia espiritual. Em meio a essas tempestades, surge uma pergunta crucial: o que garantirá a vitalidade e relevância da igreja para as próximas gerações? A resposta é simples, mas profundamente transformadora: seguir Jesus de verdade, aqui e agora. É um chamado urgente e um compromisso contínuo. Ele encapsula a essência do discipulado genuíno e a promessa de uma igreja vibrante e influente, fundada na fidelidade ao Mestre.

Seguir Jesus hoje implica um discipulado autêntico e

corajoso, para muito além da teoria e dos domingos. Um ambiente existencial onde nossos pensamentos, nossas ações e nossas e prioridades são moldados por Seus ensinamentos e por seu exemplo. É um convite para uma caminhada diária com Cristo, em que cada momento é uma oportunidade de viver Seu amor, sua graça e sua santidade.

Uma igreja viva não é definida por seus edifícios, seus programas ou suas tradições, tampouco por suas redes sociais, mas sim pela presença vibrante e transformadora de Cristo em sua comunidade. Quando seguimos Jesus com devoção e integridade, impactamos aqueles ao nosso redor, criando uma igreja que é um reflexo genuíno do Reino de Deus na terra.

Esta promessa de uma igreja viva amanhã é ancorada na fidelidade dos discípulos de hoje. Cada ato de amor, cada gesto de serviço, cada palavra de verdade que vivemos hoje constrói a fundação de uma igreja que será um farol de esperança e luz para as futuras gerações.

Convido você a se juntar a mim nesta jornada de discipulado autêntico. Vamos seguir Jesus com todo o nosso ser, permitindo que Sua vida transforme a nossa. Ao fazer isso, plantaremos as sementes de uma igreja viva, vibrante e fiel, que continuará a brilhar intensamente no mundo de amanhã.

Como amor, de alguém que nada mais é do que *apenas um discípulo* do mesmo Senhor que você.